小学校国語

NGから学び直す発問

幸坂健太郎・宮本浩治 著

JN032712

明治図書

はじめに

　この本は，教師になってすぐ，または数年が経った小学校の先生方に向けて書きました。「毎日国語の授業で発問しているけれど，改めて自分の発問を見つめ直したい」と，発問の基礎固めをしたいと思われている方を読者に想定しています。もしかしたら，まだ教壇に立っていない大学生・大学院生の皆さんにとっても役立つかもしれません。

　さて，皆さんは「授業は発問で決まる」「授業づくりとは発問づくりである」などと聞いたことがあるかもしれません。そう，国語の授業にとって，発問はとても大事です（なぜ大事なのかは，また本書の中で）。

　「よし，そんなに発問が大事なら発問力を鍛えよう」と考えた皆さんは，教育に関わる本や雑誌をザッと眺めてみます。すると，発問について書かれた文献がとても多いことにすぐ気づくでしょう。さまざまな先人たちが「この教材ではこう発問せよ」と，具体的な発問の仕方を示してくださっている。とてもありがたいことです。

　試しに，少しそれらの文献を読んでみましょう。ある本Aでは，文学作品「白いぼうし」の授業の，「『夏みかん』という題だったらどうでしょうか？」という発問がモデルとして紹介されています。一方，別の本Bでは，文学作品に対して「もし」という仮定の発問をすると「作品の世界全体を壊してしまうことになりかねない」と述べられています。本Aでは仮定の発問が推奨されているのに，本Bでは仮定の発問への注意喚起がされている。

　あれ？　真逆ですね。このように，文献間で「良い発問」が異なっていることも多いです。

　このような現状は，「良い発問」というものが諸条件によって変わるものだ，ということを示しています。

例えば，授業の目標です。確かに，文学の世界に浸ることが重視される授業では，仮定の発問は危険です。せっかく作品に浸っていた子どもたちの作品世界を壊してしまうおそれがある。しかし，文学作品の読みを「作品の世界にどっぷり浸りがちな子どもたちを作品世界から脱け出させ，分析的に読ませたい」という目標があるとしましょう。その場合は，むしろ「作品の世界全体を壊」すような仮定の発問がその授業にとっては「良い発問」だということになります。どんな授業でも使えて，あらゆる子たちに響く唯一の「良い発問」なんてものは存在しないわけです。

　だからこそ教師は，いろいろな発問モデルを引き出しに持っておくのが望ましい。自分が目指したい授業のゴールや，目の前の子どもたちの状況に合わせて，種々の発問パターンを試してみる必要があるのです。

　その意味で，文献ごとに「良い発問」観が異なり，さまざまな「良い発問」モデルを参照できる現状はとても役に立ちます。

　それは，あたかも料理レシピのカタログが準備されているようなものです。「この料理，おいしいですよ」というレシピが溢れていて，私たちは，そのときの気分や食べてもらう人の好みに合わせて好きな料理を選択できる。いつでも，誰にとっても「おいしい料理」なんてものはありません。さまざまな発問カタログを参照し，教室で実践しながら，教師は発問マスターになっていくのだと思います。

　「よし，じゃあいろんな発問モデルをどんどん実践して，発問の引き出しを増やそう」と思われた皆さん，ちょっと待ってください。実は，NG 発問というものが存在します。そして，「良い発問」は文献間で異なっているのですが，NG 発問はほとんどの文献で共通しているのです。

　NG 発問をしないということは，発問をするための最低限のルールです。料理で言えば，「毒キノコを使わない」とか，「包丁で自分の指を切らない」などにあたります。どんな料理を作るにしろ最低限そこは頼むよ，という部分ですね。この NG 発問については，先人たちのどの文献でもほとんど同じ

ことが指摘されています。「発問する上で，最低限これは避けてほしい」という点が，歴史の成果として蓄積されてきているわけです。

　しかしこれまで，そのような，発問のための最低限のルールである NG 発問を一冊にまとめてくれている文献はありませんでした。この本は，まさにその NG 発問に焦点を当てた本です。

　発問マスターを目指す前に，まずは本書を読み，自分が普段 NG 発問をしていないか，確認することからスタートしましょう。

幸坂　健太郎

本Ａ：齋藤浩『アクティブな授業ができる！ 小学校国語科「開かれた発問」30のしかけ』明治図書，2015年

本Ｂ：鈴木一史『中学校国語科 授業を変える課題提示と発問の工夫39』明治図書，2015年

この本の読み方

◆本書で挙げられている各項目を，独立してお読みいただくこともできます。ただ，できれば各項目の関連を意識し，**最初から順に読むのをおススメ**します。本文中でも，関連する項目を「〜参照」という表記で示すなど，できるだけ各項目を関連させ，本書の背後にある理論の全体像が見えるようにしています。

◆各項目をバラバラにお読みになる場合でも，**「ことはじめ①〜④」については，必ず先にお読みください。**本書の用語の使い方などが説明されており，本書を読む前提となります。

◆本書は，特に「読むこと」の領域を対象として説明しています。ただ，「話すこと・聞くこと」や「書くこと」など，他の国語科の領域における発問を考える上でも活用できると思います。

◆各章の合間にはコラムがあります。執筆者である幸坂と宮本が，本書にまつわるあれこれを話しています。息抜きとしてお読みください。なお，宮本が常体，幸坂が敬体で話していますが，それは，幸坂の恩師が宮本であるという事情からです（幸坂の教育実習時の指導教員が宮本だったのです）。

◆本書の最後には「発問を学び続けるためのガイド」もあります。この本を読まれた後の学びのためにお役立てください。

も く じ

はじめに 002

この本の読み方 005

INTRODUCTION 発問ことはじめ

1 発問とは"問い"である ……………………………………………… 010

2 "問い"ならではの効果 ……………………………………………… 012

3 発問と質問はどう違う？ …………………………………………… 014

4 教師の話すことば全体の中での発問 ……………………………… 016

1 何を問うか

1 ごんぎつね ……………………………………………………………… 020
「みんな，教科書は開いたかな？」

2 メディアと人間社会／大切な人と深くつながるために ………… 024
「わからないところはあるかな？」

3 大造じいさんとガン ………………………………………………… 028
「ガンは，どのぐらい『りこう』な鳥なんだろう？」

4 どうぶつの赤ちゃん ………………………………………………… 032
「筆者が一番伝えたいメッセージは何かな？」

5 お手紙 ………………………………………………………………… 036
「なんでかえるくんは，足の遅いかたつむりくんに手紙をあずけたのかな？」

COLUMN 1 この本に込めた願い 040

2 どう問いを並べるか

1 イースター島にはなぜ森林がないのか ································· 044
「序論には，何が書いてあるのかな？」

2 スイミー ··· 048
「気持ちはどう変わっていったのかな？」

3 お手紙 ·· 052
「かなしかったのはがまくんだけかな？」

4 すがたをかえる大豆 ·· 056
「本文で『すがたをかえる大豆』の例として紹介されているものを
順番にあげていくと？」

5 海の命 ·· 060
「『村一番の漁師』って誰なんだろうか？」

COLUMN 2 "その教材ならでは"を発問するということ　064

3 どう問いを発するか

1 ごんぎつね ··· 070
「このとき，ごんはどんな気持ち？」

2 メディアと人間社会／大切な人と深くつながるために ········· 074
「この二つの文章を比べてみると，どうかな？」

3 ありの行列 ··· 078
「『なか』に書かれているウイルソンさんの実験について
読み取っていこうと思うんだけど，ウイルソンさんが最初に
何をしたら，結果として何が起きたかな？」

4 大造じいさんとガン ·· 082
「先生，"山場"って何ですか……？」

5 お手紙 ·· 086
「つまりみんなに考えてほしいのはね」

6 イースター島にはなぜ森林がないのか ……………………………………… 090
「筆者はどのように論を進めているかな？」→まとめ「図にすれば，論の進め方を読み取りやすくなる！」

7 どうぶつの赤ちゃん ……………………………………………………………… 094
「書きながら聞いてね」

8 サーカスのライオン …………………………………………………………… 096
「〜さんに聞いてみよう。お客はどうして『手をたたいた』のかな？」

9 ごんぎつね ……………………………………………………………………… 098
「ごんは幸せかな？　それとも不幸せかな？」

COLUMN 3　私たちが理想とする国語の授業　102

4　どう答えを受け止めるか

1 サーカスのライオン …………………………………………………………… 108
「他には？」

2 アップとルーズで伝える ……………………………………………………… 112
「〜ということかな？」

3 サラダでげんき ………………………………………………………………… 116
「うん，そっか。」

4 たずねびと ……………………………………………………………………… 120
「関係のある話？」

5 世界一美しいぼくの村／世界一美しい村へ帰る …………………………… 124
「もう少し詳しく説明してくれる？」

6 「弱いロボット」だからできること ………………………………………… 126
「じゃ，○○さん，どうかな？」

発問を学び続けるためのガイド ………………………………………………… 128

おわりに　133

INTRODUCTION

発問
ことはじめ

① 発問とは"問い"である

発「問」なのに"問い"じゃないの!?

いきなりですが,クイズです。次の中から"問い"を選んでください。

ア.「ごんぎつね」の一場面を音読しよう。

イ.どうして「ごん」は栗を持っていったのかな。

ウ.「ごんぎつね」は面白い話だったね。

すぐわかりますね。正解は,イです。なぜなら疑問文だからです。私たちは,疑問文のことを"問い"と呼びます[※1]。

さて,では皆さんに"問い"を投げかけますね。

発問って,何でしょうか。

「文字通り,発問は教師が"問い"を"発する"ことだろ」と思いますよね。ところが,話はそう簡単ではありません。実は,これまで"問い"ではない教師の振る舞いも発問と呼ばれてきたのです。例えば,次の記述。

疑問型の発話の形態をとらなくても,学習者である子どもたちの中に問いが生まれることはたくさんあります。(中略)学習材提示や指示だけではなく,教師の語りや助言などのすべての教師の言動が,発問として機能するのです[※2]。

この記述では,「すべての教師の言動」を発問と呼ぼうとしています。理由は,別に"問い"の「形態をとらなくても」「子どもたちの中に問いが生まれる」から。

確かにその通りです。例えば,教師が授業中に急に黙る。すると子どもたちの中に,「えっ,何で先生黙ったの?」という"問い"が生まれます。こ

のように，授業中子どもたちの中に“問い”が生まれる場面は多い。たとえ教師が直接“問い”を発さずとも，です。斎藤喜博という先生がいます。彼も，「言葉に出さない表情とか小さな身ぶりとかによって授業がすすむ場合もあるが，これも一つの発問と考えてもよい」と言っています[※3]。斎藤先生もここで，発問を“問い”に限らず広く捉えていることがわかります。

本書の立場

　さて，ここからは本書の考え方です。本書では，発問という表現で，教師の発する**“問い”だけを指す**ことにします。理由は，「発問という表現が今も存在しているという事実を大事にしたいから」です。

　例えば，私たちは紙を切りたいとき，ハサミを使います。一方，カッターを使っても紙は切れます。また，（難しいでしょうが，やろうと思えば）包丁でも紙を切ることはできます。

　でも，「紙を切れるという点で同じだから，カッターや包丁のことも今後はまとめてハサミと呼ぼう」という変なことはしません。確かに，何かを切るという点でハサミ，カッター，包丁の機能は同じです。しかし，例えば紙を長い直線で切るときはカッターがいいとか，包丁は紙より料理に使う方がいいとか，そもそも形状が全然違うとか，これらの道具は異なる点も多いです。機能や形が完全に同一でないものを，私たちは同一名称で呼ばない。

　発問に話を戻しましょう。呼び名が異なるということは，先人たちがそれらの間に何らかの差異を見出してきたことの証左です。本書は，その点を大事にします。つまり，「問いを発する」と書く発問という表現がわざわざ現代に残されているということは，何か理由があるのだろう，と考えるのです。教師の発する“問い”と，他の名称で呼ばれてきた教師の振る舞い（「指示」とか「説明」とか）との間に何らかの違いがあるのだろう，それを呼び分ける教育学上の必然性があるのだろう，と。

　以下，本書で出てくる発問という表現は，教師が発する疑問形の発話＝“問い”以外のものは指さないと考えてください。

2 "問い"ならではの効果

"問い"と答えはセット

　ことはじめ①で，"問い"には，教師の他の振る舞いとは異なる機能があると述べました。"問い"，つまり疑問文を発する場合ならではの，何らかの特別な効果がある，ということです。

　さあ，では，"問い"の持つその特別な効果とは何でしょうか。

　……と，まさに今，皆さんに対して"問い"を発してみたわけですが，"問い"を発された皆さんの中で起きたことに目を向けてみてください。私から"問い"を発された皆さんは，「そうだなぁ……○○かな？」と，"問い"に答えようと頭を働かせませんでしたか。

　それです。それが，"問い"の持つ特別な効果です。

　"問い"というものは，本質的にその答え＝応答を求める。平たく言えば，"問い"と答えはセットだから，"問い"かけられたらその答えを返そうと，あれこれ考えちゃいますよね，ということです。

　「1億人の大質問!?　笑ってコラえて！」（日本テレビ）というテレビ番組に，「人生はクイズだ！の旅」というコーナーがあります。そのコーナーでは，人気タレントが，街行く人にいきなり「クイズ」を出します。最初の方は「富士山の高さは？」など，一般教養的な「クイズ」を出題するのですが，次第に「あなたはここで何をしているの？」というような，その人自身に関する「クイズ」に変わっていきます。そして，最終的にその人の人生に関することをいろいろ聞き出そうとするのです。

　このコーナーは，「人は突然クイズを出されるとなぜか素直に答えてしまう」ものであり，その習性を利用しているんだそうです（コーナーの最初に，そういう旨のナレーションが流れます）。

私が上で述べたことと同じことが，このコーナーの根底に流れています。すなわち，クイズ＝"問い"を投げかけられると，人はそれに対して答えを返そうと思考してしまう。それが，"問い"の持つ効果なのです。教室で教師が"問い"を発すれば，子どもたちはそれに答えなきゃいけない感じがして，思考します。それが，教師の他の振る舞いとは異なる，"問い"ならではの効果です。

"問い"と指示

　テレビ業界の人だけではありません。もちろん，教育学の先人も同じことを指摘しています。ある本には，「子どもたちに思考活動や表現活動を促す」ときには，指示の形よりも「発問の形」で行う方が，「はるかに自然な形で子どもたちを活動にひきこ」み，「思わず考えてしまう，思わずからだが動き出す」ようにできると書かれています[※4]。

　例えば，次の二つの教師の発言を見てみてください。

> A．どうして「ごん」は栗を持っていったのかな。
> B．「ごん」が栗を持っていった理由を答えてください。

　Aは"問い"の形であり，Bは指示の形です。扱っている内容は同じです。どちらも，子どもたちに「ごん」が栗を持っていった理由を考えさせようとしている。

　しかし，子どもたちが受ける印象は少し違います。Bは指示，つまり命令の一種ですから，"やれと言われた"という感じがどうしてもつきまといます。一方，Aのように"問い"の形になると，Bのような"やれと言われた"感がかなり軽減されたと感じるでしょう。そして，教育学の先人（と「笑ってコラえて！」のナレーション）が指摘しているように，Aのように"問い"の形で発される方が，子どもたちを「はるかに自然な形で」思考に向かわせることができるのです。

3 発問と質問はどう違う？

「せいかぁい！」の違和感

　急いで付け加えなければならないのは，全ての"問い"が子どもたちを思考させるわけではない，ということです。そのことを確認するために，もう少し「笑ってコラえて！」の「人生はクイズだ！の旅」の話をしましょう。

　このコーナーでは，タレント（㋟）と街行く人（㋡）の間で次のようなやりとりがなされます（架空のやりとりです）。

　㋟：問題です！ (1)富士山の高さは？

　㋡：ええと……3776メートル！

　㋟：せいかぁい！ 次の問題。(2)日本の最西端の都道府県は？

　㋡：多分……沖縄！

　㋟：おおー，せいかぁい！ さて，(3)なぜあなたは，今日ここに来た？

　㋡：母の日のプレゼントを買いに来たんです。

　㋟：せいかぁい！

　（以下，(3)のような，街行く人自身に関する問いが続く）

---

　(1)・(2)は一般教養のクイズですね。それらで街行く人の緊張をほぐし，次第に(3)のような，その人自身について尋ねていく。そういうコーナーです。

　さて，注目してほしいのは，最後の「せいかぁい！」です。これ，とても変な感じがしませんか。

　わからないから尋ねたはずなのに，その答えを聞き出したら，尋ねた側のタレントが"正解"と言う……。違和感がありますね。でも，(1)・(2)のクイズのときにタレントが「せいかぁい！」と言っても違和感はないですよね。

質問と発問

　この違いは，タレントが発している(1)～(3)の "問い" の違いにあります。(1)～(3)の "問い" には，次のような質の違いがあるのです[5]。

	問う側（タレント）	問われる側（街行く人）
問い(1)(2)	答えを知っている	答えを知らない
問い(3)	答えを知らない	答えを知っている

　(1)(2)は，答えを知っている人から知らない人に発される "問い" です。だから， "問い" を発した人が「せいかぁい！」と言っても違和感がない。答えが正解かどうか， "問い" を発した人がわかっているわけですから。

　一方(3)は，答えを知らない人が知っている人から情報を引き出す "問い" です。わからないから教えてよ，という "問い" なのです。わからないから尋ねたのに，相手から引き出した答えが正解かどうかを判定するのは変ですよね。最後の「せいかぁい！」の違和感は，ここからきています[6]。

　この二種類の "問い" を呼び分けておきましょう。(1)(2)のような "問い" を**発問**，(3)のような "問い" を**質問**と呼びます。

　「どうして「ごん」は栗を持っていったのかな」という "問い" は発問です。なぜなら，答えを知っている先生が，答えを知らない子どもたちに発し，考えさせようとしているからです。一方，先生が「みんなは，本物のキツネを見たことがあるかな」と子どもに聞いたとします。この "問い" は質問です。なぜなら，答えを知らない先生が，答えを知っている（＝実際に経験している）子どもたちからその答えを引き出そうとしているからです。

　このように，同じ "問い" の形をしていても発問と質問は違います。"問い" の形をしていれば全部発問になる，というわけではないのです[7]。

4 教師の話すことば全体の中での発問

教育話法と指導言と発問

　発問についていろいろ話してきました。ここまでの内容にも触れつつ，最後に，発問に関わるさまざまな概念をまとめて整理しておきます。

　まず，**教育話法**という概念を押さえましょう。教師も一人の市民ですから，普段は日常生活を送っています。一方，教師が職業人として子どもたちの前で話すことばは，彼らが生活内で話す私的・日常的なことばとは違いますよね。その，教師として話すことばが教育話法です[8]。

　そして，教育話法の中でも，特に授業づくりに関わるものとして重視されているのが，**指導言**です。指導言というのは，指示・説明・発問の三つをまとめた呼び方です。

　この指導言の重要性を指摘したのが，大西忠治という人です。大西先生は，指導言である指示・説明・発問が「相互にどう関係し，相互にどのような本質的なちがいがあるかを知っておくこと」が，教師にとって「きわめて重要」だとしています。大西先生は，発問，つまり "問い" を発することが，特に子どもたちの「思考に働きかける」ものであり，それが指示や説明といった他の指導言と発問との違いだとしています[9]。発問の持つこのような効果については，ことはじめ②でも確認しましたね。

　ところで，当たり前のことですが，教師は，子どもたちの前で指導言以外のことばも話します。例えば，「おはよう」とか「今日の給食，おいしいね」とかです。これらは，指導言ではないけれど教育話法に含まれます。

　ことはじめ③で取り上げた質問もそうです。"問い" の形をしているという点で発問と共通してはいますが，質問と発問とは別物でした。そのため，質問は，"問い" ではありますが，指導言の枠からは外れます。

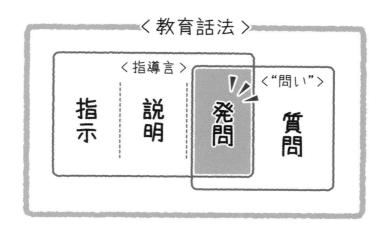

　ここまでのことをまとめたのが，上の図です。発問というものが，教師の話すことば全体の中でどのような位置にあるかがわかってもらえると思います。

*　　　*　　　*

　やっとスタート地点にたどり着きました。

　ここまでのことを理解いただけたならば，皆さんは，混乱せずに本書の続きを読み進められると思います。以下，本書では，上の図に基づいて各概念を使うことにしますね。

[INTRODUCTION の注]

※1　ちなみに，試験で出てくる「この漢字の読みを書きなさい」などの命令文のことを「問い＝設問」と呼びますが，限定的な場面での呼び方ですのでここでは除いて考えます。

※2　日本国語教育学会監修，切刀道子企画編集，寺井正憲・伊崎一夫編著『発問―考える授業，言語活動の授業における効果的な発問―』東洋館出版，2015年，p.73

※3　斎藤喜博『授業の展開』国土社，1964年，p.152

※4　横須賀薫「授業の中の子どもと教師」『岩波講座 教育の方法3 子どもと授業』岩波書店，1987年，pp.223-266，引用は p.260

※5　この表は，安斎勇樹・塩瀬隆之『問いのデザイン―創造的対話のファシリテーション―』学芸出版社，2020年，p.43の表を参考にしました。ただ，安斎・塩瀬の本は発問の本ではなく，問う側も問われる側も答えを知らないような"問い"を主に扱っています。

※6　なぜタレントが，違和感があるにもかかわらず(3)のタイプの"問い"に対して「せいかぁい！」と言っているのかは，私にはわかりません。もしかしたら，「あくまでもこれはインタビューではなくクイズであり，正解・不正解があるんだよ」という体にしたいのかもしれません。コーナー名も，「人生はクイズだ！の旅」ですし。

※7　発問と質問の違いについては，次の文献が明確に指摘しています。

宮本勉「「よい発問」の条件を考えよ」吉田昇・沼野一男編著者代表『新訂 教育演習8 教育方法』学文社，1978年，pp.142-145

　　ちなみに，子どもたちのじっくりとした思考を促さない"問い"のことを「質問」と呼ぶ文献もあるようですが，本書はその立場をとっていません。なぜなら，そのように分類してしまうと，本書が「質問」と呼ぶような，答えを知らない者が答えを知っている者に尋ねる"問い"が位置づけられなくなってしまうからです。本書の立場から言えば，子どもたちのじっくりとした思考を促さない"問い"は，「質の低い発問」だということになります。つまり，あくまでも「発問」の枠内にあると捉えるわけです。

※8　教育話法については，例えば野地潤家『教育話法入門』明治図書，1996年でその重要性が述べられています。教育話法というのは，教師の話すスピードや語彙のチョイス，目線・動きなどのノンバーバルな要素まで含む，かなり広い概念です。

※9　大西忠治『発問上達法―授業つくり上達法 PART 2―』民衆社，1988年，pp.126-134

1

何を問うか

1

（学図／教出／東書／光村）

「みんな，教科書は開いたかな？」

☑ こんな発問，していませんか？

目 標	第一場面の設定を読み取る。
ここまでの展開	第一場面の範読を終え，わからない語に丸をつけたところ。

みなさん，①わからないことばを丸で囲ったかな？

はーい。

②丸をつけたことばの意味調べは宿題にしたいんだけど，大丈夫かな？

はーい。がんばります。

じゃあ，わからないことばはあるけれど，一場面を大まかに読み取ってみよう。③できるかな？

わからないことばは三つしかなかったから，大丈夫です。

よし，じゃあ始めるよ。まず，④教科書の一場面の最初のページを開いてほしいんだけど，何ページかな？

教科書の〇ページです。

そうだね。⑤みんな，教科書は開いたかな？

はーい。

じゃあ進むね。早速だけど，⑥一場面の季節はいつだろう？

うーんと……あ，秋です。

⑦それはどこからわかるかな？

☑ ここがNG！

すごい事例ですね。先生の発言の全てに“問い”が含まれています。

よく見ると，先生が答えを知らないから問うている“問い”＝質問も含まれているようです（ことはじめ③参照）。事例の中で先生が発した“問い”を分類すると，次のようになります。

質問：①②③⑤
発問：④⑥⑦

つまりこの事例では，先生が質問・発問を混ぜながらたくさんの“問い”を発しているわけです。ここまで極端でなくとも，授業中，何でもかんでも“問い”の形で話している先生は結構おられます。

“問い”というものは，**子どもの頭を強制的に動かす力**を持つものでした。しかし，先生が“問い”を乱発すると子どもは考えなくなります。理由は簡単で，慣れてしまうからです。

先生が話すことばが常に“問い”の形になっている。最初はそれに対して一生懸命頭を働かせたり発言したりしていたけれど，全部の“問い”に対して同じ力で反応していると疲れる。だから，少しずつ子どもたちは教師の“問い”に対する反応を鈍らせていく。

そのような状況に陥ると，たとえ教師が張り切って“問い”を示しても，「また先生がいつものように“問い”を発してるな」という形でしか受け取られません。あたかも強い薬を使いすぎると効果がなくなるのと同じように，子どもたちは，“問い”に順応していくのです。

もしかしたら，授業で“問い”を乱発する教師には，子どもたちからの反応がないと不安だという思いがあるのかもしれません。その不安から，いろいろと“問い”を投げかけて応答を求めてしまうわけです。その気持ちもわかりますが，**“問い”を乱発することの代償は大きい**ものなのです。

✓ OK 発問にするには，こう変える！

　　"問い"は，「ここで子どもの頭を働かせたい」という授業の山場で使うようにしましょう。そうすれば，強制的に頭を働かせるという"問い"の持つ力を効果的に発揮させることができます。子どもの頭を働かせる必要がないところでは，"問い"の形で投げかけなければよいのです。同じ内容を，他の言語表現で表すことはできます。

　　質問と発問を分けて，具体的に考えてみましょう。

　　まず，質問についてです。そもそも質問は，子どもの頭を働かせるための手立てである発問とは違います。にもかかわらず，"問い"の形をしているがゆえに，先に述べたような"問い"への慣れをひき起こすおそれのある厄介なものです。"問い"を授業の山場で使うものだとすれば，質問は少ないに越したことはありません。

　　授業中に教師が行う質問をピックアップしてみると，別にしなくてもよいようなものが紛れ込んでいることも多いです。この事例の質問も全て，する必然性のない質問です。絶対に質問を授業中にしてはならないわけではありませんが，不要な質問があるならば，減らす努力をすると良いでしょう。

①わからないことばを丸で囲ったかな？
　→「囲った人はペンを置いてください」などの指示に替える
②丸をつけたことばの意味調べは宿題にしたいんだけど，大丈夫かな？
　→「宿題にします」と指示するだけで良い
③一場面を大まかに読み取ってみよう。できるかな？
　→意味のない確認。「大まかに読み取」らせるという活動をすると決める
　　段階で，それが可能な子たちかどうかを教師がみとっておくべき
⑤みんな，教科書は開いたかな？
　→教室でよく聞く"問い"だが，質問なので減らすべき。「隣同士で開け
　　ているかを確認しましょう」などの指示に替える

次に，発問についてです。発問は，子どもの頭を働かせる手立てですので，“問い”の形で発するのが効果的です。しかし，考えてほしいのは，本当に「その発問は，発問の形にする必要があるのか」ということです。

　事例を見てみましょう。この授業の発問は④⑥⑦の三つです。教科書のページを確かめている④と，第一場面の季節を読み取らせるための⑥⑦ですね。

　この授業では，第一場面の季節を読み取ろう，という方向で子どもたちに頭を働かせてほしいわけです。したがって，季節を読み取るための⑥⑦を“問い”の形で発し，子どもたちへの発問とすることは OK です。一方，④はどうでしょうか。教科書のページの確認は，別に教師が子どもたちの頭を働かせたいところではありませんよね。というわけで，④については別に指示でも構わないということになります。

④教科書の一場面の最初のページを開いてほしいんだけど，何ページかな？

　→「一場面の最初のページを開きましょう」という指示に替える

　以上をまとめると，この事例では，⑥⑦のみ“問い”の形で投げかけ（＝発問），それ以外の①〜⑤については別の表現にしたり削除したりするのが望ましい，ということです。

　先に述べた“問い”への慣れというものは無意識に子どもに刷り込まれるものです。子どもたちは，そもそも自分たちが“問い”に慣れてしまっているということに気づけないのです。

　やや神経質に思われるかもしれませんが，教師の発言のうち，どれを発問にして，どれを発問にしないのかというのは，長期的な子どもたちへの影響の観点から大切な視点だと，私は思います。

2

6年「メディアと人間社会」（池上彰）
／「大切な人と深くつながるために」（鴻上尚史）
(光村)

「わからないところはあるかな？」

☑ こんな発問，していませんか？

| 目　標 | 二つの文章の共通点・相違点を見つけ，自分たちの生活と結び付ける。 |

ここまでの展開 各文章の概要をつかみ，比較読みを始めたところ。

> 鴻上さんの文章は，コミュニケーションの重要性が書かれているね。

> そうだね。特に，大切な人と深くつながるために，時には人とぶつかったとしても，コミュニケーションの練習をすべきだって書かれている。

> あ，この大切な人と深くつながりたいっていう思いこそ，池上さんが最後に書いている，「私たち人間」の「欲求」なんじゃないかな。

> 確かに。私たちは大切な人と深くつながりたいと思うからこそ，インターネットのようなメディアを発達させてきたのかもしれないね。

> なるほど。池上さんの述べる「欲求」を，さらに詳しくしたのが鴻上さんの述べる「大切な人と深くつながりたい」という思いなんじゃないか，ということだね。
> さあ，鴻上さんと池上さんの文章を読んで，二つの文章のつながりが見えてきたけど，ここまでで**わからないところはあるかな？**

> （数名）ないでーす。

> よし，進めるね。じゃあ，その「欲求」に私たちがどう向き合っていけばいいのか，考えてみようか。

☑ ここがNG！

　授業をしていると，子どもたちが本当に理解できているのか，不安になるときがあります。この事例のように，一部の子どもたちの発言によって授業が進んでいるときはなおさらです。「本当に，クラスみんながわかってるのかな……」と気になってきて，全員に向かって，「わからないところはあるかな？」と聞いてしまう。

　しかし，この"問い"はNGです。

　そもそも，この"問い"は発問ではなく，質問です（ことはじめ③参照）。質問ですから，本来ならばNG発問として取り上げるべきではないのですが，よく発するがゆえに，この"問い"を発問と勘違いしている先生もおられますので，ここであえて取り上げています。

　さて，授業中はなるべく必然性のない質問は避けるべきです（1−1参照）。この点で，この事例はNGと言えます。が，それだけではありません。この質問は，次の二つの点からもNGなのです。

【NGポイント①】自分の何がわかっていないかを的確に把握する，というのは，大人でも難しいことです。ましてや，**小学生にとって，「わからないところはあるかな？」と聞かれて，「はい，〜がわかりません」と答えることは困難**です。たとえこの事例のように「わからないところ」は「ない」と子どもたちが答えても，それだけから彼らの理解度をみとることはできません。つまり，この質問は，そもそも答えることに無理があるわけです。

【NGポイント②】授業が進む中，**「わからない」と言うのは勇気がいること**です。特に，この事例のように高学年になると，周りを気にして「わからない」と言うことを躊躇する子たちも出てきます。そんな中で，「わからないところは？」とストレートに聞くのは得策ではありません。「わからない」と言いたい子がいても，それを言い出しづらい状況なわけですから。

☑ OK 質問にするには，こう変える！

質問の仕方を変える

「何かわからないことはあるかな？」は，言い方を少し変えるだけで印象が変わります。社会科に関する本ではありますが，ある本は「何かわからないことはあるかな？」に代わる次の質問の仕方を挙げています。

「今，当てられたら困る人？」

「正直，スッキリしていない人？」

「頭の中に『？』がある人？」

「ヒントがほしい人？」

（宗實直樹『深い学びに導く社会科新発問パターン集』明治図書，2021，p.94）

確かに，「何かわからないことは？」と直接聞かれるよりも，子どもの抵抗感が減る気がしますね。このように，言い方を少し変えるだけで，子どもたちの理解をみとる（OK 発問ではなく）OK 質問になるのです。

ただ，繰り返しになりますが，そもそも必然性のない質問はなるべく避けるのがベターです。"問い"を乱発しないためにも，なるべく教師の発する"問い"は減らすのでしたね。

この質問は，子どもたちの理解状況をみとるためのものです。だとすれば，質問せずとも子どもたちの理解状況をみとることができるならば，わざわざ質問する必要はありません。

以下，子どもたちに理解を問う質問をそもそもしない方向性を述べます。

指示によって子どもたちの理解状況をみとる

子どもたちが自分たちの理解にどの程度自信があるかを可視化する指示があります。これらを使えば，"問い"の形で発する必然性はありません。

例えば，自分の両手の幅で自分のスッキリ度を表現させるのはどうでしょうか。両手を横一杯に広げたらスッキリ度100％で，両手を拝むように合わ

せたらスッキリ度０％，０と100の間は手の幅の広さで表現するのです。

自信 0%　　　　　　自信 50%　　　　　　自信 100%

　具体的には，「両手を出して。自分のスッキリ度を手の幅で表現します。はい，どうぞ」と指示します。そうすれば，一目でクラスの子たちがどの程度授業をわかったと感じているかが見えますね。

　他にも，音声だけで授業を進めるのではなく，彼らの考えを一旦手元に書かせるというのも良いでしょう。今回の事例で言えば，「鴻上さんの文章と池上さんの文章の重なりが，みんなの話から見えてきたね。ここまでで自分がわかったことを，ノートに書いてごらん」と指示するのです。

　【NG ポイント①】で述べたように，「わからないところ」を言葉で言わせるのは難しい。しかし，このように**指示を活用することによって，子どもたちの「わからないところ」を可視化させることができる**のです。

「わからない」と言える教室づくり

　そもそも，【NG ポイント②】にあるような状況，すなわち，子どもたちが授業中「わからない」と口に出せないことが問題です。もし子どもたちが素直に自分の「わからない」という思いを口に出せるならば，教師からわざわざ「わからないことはあるかな？」と質問せずに済みますよね。

　子どもたちが「わからない」と言えるためには，例えば，何を言っても受け止めてもらえたり，間違ってもそれを価値づけてもらえたりする経験が不可欠です。このような経験を重ねることで，子どもたちは，授業中「わからない」と言えるようになっていきます。これらは，一朝一夕で実現できるものではないでしょう。日頃の教師の積み重ねが大切です。

3

「ガンは，どのぐらい
『りこう』な鳥なんだろう？」

☑ こんな発問，していませんか？

目　標	第一段落の大造じいさんの心情を読み取る。
ここまでの展開	第一段落の範読を終えたところ。

一場面の最後に，「ガンとかカモとかいう鳥は，鳥類の中で，あまりりこうなほうではないといわれています」ってあるよ。

本当だね。残雪はかしこい鳥みたいだけど，ガンっていう鳥は，あまりかしこくないみたいだね。

 そうみたいだね。先生も，どれだけガンが「りこう」なのか，はっきりとは知らないなあ。

へー，調べてみたい！

私も！　気になるなぁ。

みんな，気になってるみたいだね。**ガンは，どのぐらい「りこう」な鳥なんだろう？** 調べてみようか。

はーい。

じゃあまずは，図書館に行って鳥の図鑑を見てみようか。

☑ ここがNG！

　ここでは，ガンがどのぐらい「りこう」な鳥かが発問として投げかけられています。この後，きっと授業は，ガンという鳥の知能がどの程度なのかを明らかにしていく展開になるでしょう。子どもたちもガンの知能がどの程度かが気になっているようです。きっと，子どもたちはいきいきとガンという鳥の知能について調べるのではないでしょうか。

　問題は，その鳥の知能を調べる活動が，授業の目標とどうつながるのか，ということです。

　授業は，子どもと楽しくおしゃべりする場ではなく，子どもを成長させるために計画的に実施される営みです。つまり，（うまくいくかどうかは別として）子どもたちをここに到達させる，という目標が設定され，そこに向かって実施されるわけです。目標がない授業は存在しません。教師が行うさまざまな手立ても，子どもたちにやらせる活動も，準備する教材も，全てはこの目標に到達するためのものなのです。

　そう，発問も，です。

　教師が発問し，子どもたちが思考する。その先には，授業の目標が存在するわけです。すなわち，発問されたことを考えながら，子どもたちは目標に向かう。これが，発問を考える上で外せないポイントです。

　この事例では，「第一段落の大造じいさんの心情を読み取る」ことが目標になっていますね。ガンの知能を調べる活動は，その目標とつながりません。大造じいさんではなく，子どもたちの思考は，どんどんガンの方に向かっていってしまうでしょう。目標とつながっていない発問だという点が，この発問がNGである理由です。

　きっとこの事例の先生は，子どもたち自身が，ガンがどのぐらい「りこう」なのかを調べたいと言ったので，その気持ちを大事にしようとしたのでしょうね。でも，授業の目標を見失ってはいけません。

☑ OK 発問にするには，こう変える！

　この事例が NG なのは，発問が，どう授業の目標と結び付くのかわからないからでした。ということは，この発問を OK 発問にするならば，その発問がこの授業の目標と結び付けばいい。この事例の発問が OK になるかどうかは，授業の目標によって決まる，ということです。

　以下，場合分けをして考えてみましょう。

授業の目標を，この発問に合うものにする

　「大造じいさんとガン」を読むと，残雪以外のガンの賢さも垣間見ることができます。例えば，大造じいさんに生け捕りにされたガンは，「すっかりじいさんになついて」「口笛をふけば，どこにいてもじいさんのところに帰って」きます。また，ハヤブサに襲われた残雪の群れのガンたちは，「残雪に導かれ」たとはいえ，即座にその「導」きに対応し，「実にすばやい動作で，ハヤブサの目をくらましながら飛び去って」います。これらから，残雪だけでなく，他のガンたちも高い知能を持っていることがうかがえます。国語の授業として，この部分を読み取らせる指導も考えられます。

　例えば，次のような授業の目標を設定するのはどうでしょうか。

> 第一場面から，残雪の賢さだけでなく，残雪が率いる群れの他のガンたちの賢さも読み取る。

　もしこの目標が設定されていれば，ガンという鳥が「りこう」なのかどうかを授業で考えさせることも十分にあり得ます。

　ただ，その場合も，事例のような聞き方は避けた方が良いでしょう。なぜなら，事例で用いられた「ガンは，どのぐらい『りこう』な鳥なんだろう？」という発問は，ガンという鳥そのものを一般的に考えさせる発問であり，子どもたちが本文の読み取りには向かいづらいからです。

　発問するとすれば，例えば，**「残雪が『りこう』なのはわかったけど，残**

雪以外のガンは,『りこう』ではないのかな?」と発問するのはどうでしょうか。この発問ならば,子どもたちは,残雪以外のガンの行動・様子が書かれた部分の読み取りに向かうでしょう。

　以上,NG例における目標を発問の方に寄せる改善の方向を示しました。ただ,これはあくまでも授業を計画する段階で行うことだ,ということに注意してください。授業がいざ始まった後,急に「考えてなかったけど,やっぱり残雪以外のガンの賢さも読み取らせよう」と目標を変更し,発問するのは避けた方が良いでしょう。

発問を,授業の目標に合うものにする

　二つ目は,授業の目標を堅持し,それに合う発問をするという改善の方向です。授業の目標は「第一段落の大造じいさんの心情を読み取る」ことでした。この目標に合う発問をし,それ以外の発問はしないわけです。

　この方向で改善する場合,子どもの発言に流されてはいけません。たとえ授業中,子どもから「ガンってどのぐらい『りこう』か調べてみたい」という声が上がっても,それが授業の目標と関わらないならば,授業の中で取り上げる必要はありません。

　とはいえ,子どもたちの「調べてみたい」という思いを無下にするのも気が引けますね。これは教師の経験がものを言うところでしょうが,子どもから出た発言を拾いつつ,目標につながる発問を出していくこともあり得ます。

　例えば,「ガンがどのぐらい『りこう』か調べてみたい!」と,子どもたちが目標から離れそうになったら,「そうだね,じゃあせっかくガンが出てくる作品が目の前にあるから,まずこの作品の中でガンがどのぐらい『りこう』か読み取ろう」と指示し,その後,「ガンは意外と賢いんだね。**大造じいさんはどうだろう。ガンが賢いことに気づいたかな?　それはどこからわかる?**」と,問うのはどうでしょうか。こうすれば,大造じいさんの「ううむ。」という感嘆の声にも目が向き,本来の目標である大造じいさんの心情の読み取りにつながりますね。

4

1年「どうぶつの赤ちゃん」
（光村）

「筆者が一番伝えたいメッセージは何かな？」

☑ こんな発問，していませんか？

目標	筆者が最も伝えたいメッセージを読み取る。
ここまでの展開	本文読解が一通り終わったところ。

　今日で「どうぶつの赤ちゃん」の授業も終わりだね。

> とてもおもしろかったよ。

> ライオンのことを初めて知ったよ。

> 私は，しまうまのことを初めて知りました。

よかったね。じゃあ，最後に聞いてみよう。この文章で，**筆者が一番伝えたいメッセージは何かな？**

> ぼくは，ライオンのことだと思います。

> わたしは，しまうまのことだと思います。

そうじゃなくて，ライオンもしまうまも，赤ちゃんはかわいいってことを伝えたいんだと思います。

いろいろな意見が出ているね。どうしてそう思うのか，理由も言ってみようか。

☑ ここがNG！

　筆者のメッセージ（「主張」と言うときもあります）を問う発問，説明的文章の授業でよく聞きますね。国語の先生の典型的な発問の一つです。この発問がうまく機能するときもあるのですが，NGになるときもあります。というか，個人的にはNGとなる形で使われていることも多い気がします。

　この事例の場合もNGです。

　「筆者が一番伝えたいメッセージは何かな」という発問は，「筆者が最も伝えたいメッセージを読み取る」というこの授業の目標を達成するためのものです。先ほど，発問は目標とつながっていなければならないと述べました（1－3参照）。確かに，この事例において，発問と目標はつながっています。

　しかし，そもそもこの目標設定は大丈夫でしょうか。

　「筆者が一番伝えたいメッセージ」を読むには，文章全体を捉え，要旨を把握することが求められます。でもそれは，『小学校学習指導要領（平成29年告示）国語』では第5・6学年の内容です（C 読むこと・ア）。つまり，目標が，1年生の授業としては適切ではないものに設定されているのです。

　「いや，うちの1年生は優秀だから，少し背伸びして要旨を捉えることを目標に設定する。だからこの発問はNGではない！」という先生がおられるかもしれません。たとえそうだとしても，やはりこの発問はNGです。

　なぜなら，この「どうぶつの赤ちゃん」という文章は，別に筆者が何らかのメッセージを送っている文章ではないからです。

　詳しくは次のページで述べますが，説明的文章の中には，筆者がメッセージを送っている文章と，そうでない文章があります。そして，この文章は後者です。したがって，「一番伝えたいことは？」と問うこと自体がナンセンスなのです。この教材でこの発問をするということは，きちんとこの文章の教材研究ができていないと言えます。

　また，（この事例の先生が普段どうかは不明ですが）このような"お決まり"発問を多用すること自体の問題点もあります（3－1参照）。

☑ OK 発問にするには，こう変える！

　前のページで述べたように，この事例の OK 発問を考えるためには，そもそも説明的文章がどういうものかを確認せねばなりません。

　説明的文章には，大きく分けて**説明型**と**論説型**があります。

	取り上げる対象	対象の扱い方	目指すゴール
説明型	読み手がきっと知らないであろう物事	その物事を，わかりやすく解説する	読み手の「よくわかったぞ！」
論説型	読み手とは異なる主張・メッセージ	その主張・メッセージが妥当だと証明（＝論証）する	読み手の「考え方が変わったぞ！」

　例えば，フランス料理に関する文章があるとしましょう。

　それが説明型の文章だった場合，フランス料理が平易に解説されます。どの地方にどんな料理があり，どんな作り方で……という感じです。別に，筆者が何かを主張しているわけではありません。筆者はただ，読んでくれた人に「フランス料理についてよくわかったぞ！」となってほしいわけです。

　一方，もし論説型の文章だったならば，少し方向性が変わります。論説型の文章の筆者は，まず，読み手とは異なる考え方・メッセージを取り上げます。例えば，「フランス料理って，おしゃれに思うかもしれないけれど，実はグロテスクなものもあるんだよ」という感じです。そして，どうグロテスクなのかの事例を挙げる等して，読み手が「フランス料理への見方が変わったぞ！」となることを目指すのです。

　説明型と論説型は，きれいに分けられない場合もあります。私自身，分類に迷うことがあります。また，一つの文章内に，説明型っぽい記述と，論説型っぽい記述が混ざっている，なんてこともあります。

　曖昧なところもある基準ですが，説明型—論説型という軸を補助線として

引くと，説明的文章というものを捉えやすくなります。おススメですよ。

　さて，話を戻しましょう。

　「どうぶつの赤ちゃん」は，典型的な説明型の文章です。つまり，別に筆者が何らかのメッセージを読み手に伝えたいわけではない。ライオンとしまうまの赤ちゃんという，きっとまだ読み手が知らないであろう物事を，わかりやすく解説してくれている文章なのです。

　だから，この文章のメッセージは読み取れません。そもそも存在しないのですから。このように考えてくると，この事例は，目標レベルで検討し直さねばならないですね。この教材を用いた授業で，「筆者が最も伝えたいメッセージを読み取る」ことはできないのです。

　ここまでをまとめましょう。この事例は，目標設定の段階で次の二つの課題があります。一つ目は，第1学年にとって適切な目標になっていないこと，二つ目は，説明型の文章を論説型の文章として扱い，メッセージを読み取らせようとしてしまっていること，です。

　「目標の話ばっかりしないで，どうすればOK発問になるかのみを言ってよ」と思われる方もおられるかもしれません。が，それはできません。なぜなら，**発問は，目標を土台としてその上に位置づくものだからです。**家と同じです。土台に問題があったら，いくらその上に立つ家の柱や壁を修復してもどうしようもない。土台から修復すべきですよね。

　そもそも目標がNGならば，発問もNGです。OK発問にするには，まずはOK目標を設定せねばならないのです。

　では，どのような目標がOK目標なのでしょうか。残念ながら，OK目標はこの本の守備範囲を超えますので，ここでは詳しく述べません。ここでは，**OK発問を考えるときには，OK目標の存在が大前提だ，**という極めて重要なことを押さえるに留めましょう。

5

「なんでかえるくんは、足の遅いかたつむりくんに手紙をあずけたのかな？」

☑ **こんな発問、していませんか？**

目　標	文章の内容と自分の体験とを結び付けて、感想を持つ。
ここまでの展開	かえるくんがかたつむりくんに手紙を渡す場面を、具体的に想像している。

かえるくんが「家からとび出しました」ってあるから、かえるくんは急いでいたんだと思います。

かえるくんは、早くがまくんに手紙をとどけなきゃって思っていたんだと思います。

なるほどね。かえるくんは、急いで手紙をとどけたかったんだ。じゃあさ、**なんでかえるくんは、足の遅いかたつむりくんに手紙をあずけたのかな？** かたつむりくんに頼んだらさ、がまくんにお手紙がとどくのが遅くなっちゃうじゃないの。

うーん……。

みんなは、急いでるとき、かたつむりくんにお手紙をあずける？

あずけない。

遅くなっちゃうから、あずけない。ポストに入れる。

みんなだったらあずけないんだね。じゃあ、なんでかえるくんはあずけたのかな……不思議だね。

☑ 実は……NG ではありません！

NG ではない理由

この発問は，明確な答えを出すことができません。

かえるくんは，がまくんに書いた手紙をかたつむりくんにあずけます。しかし，どうしてわざわざ足の遅いかたつむりくんにあずけたのかは不明です。

つまりこの発問は，**子どもたちはもちろん，教師自身にもはっきり答えがわからない"問い"**なのです。特に，文学作品を扱う授業で，そのような発問に出会うことが多いですね。「え，その発問，本文にはっきり書いてないし，答えを一つに絞ることなんてできないでしょ」という発問です。

そんな，教師自身も明確な答えがないような発問をするのは NG だ，と考える方もおられるでしょう。答えがない発問なんて，いたずらに子どもを混乱させるだけだ，と。

しかし，このような発問は必ずしも NG ではありません。

私は，普段大学生を相手にしていますが，大学生の中に，答えを早く求めたがる人がいます。私が発問すると，ちょっと考えただけで「で，先生，答えは何ですか？」と答えを求めるのです。彼らはきっと，先生が確たる一つの正解を持っていて，それにたどり着くことだけが大事と思っているのでしょう。その正解を素早く入手することが，彼らにとっての学びなのです。

でも，それが問題だということはおわかりですよね。生きていれば，一つの正解があるわけではない"問い"にいくらでも出会うわけですから。

学習指導要領でも，「学びに向かう力・人間性等」という項目で，粘り強く"問い"に向かう性質を学力として位置づけています。明確な答えが出ない"問い"の教育的な価値が認められているわけです。とりわけ，この事例のような小学校低学年段階から，明確な答えが出ない"問い"に触れさせることは，その後の学びに対する価値観の形成に大きく影響するでしょう。

というわけで，明確な答えが出ないからという理由で，この発問を NG とすることはできないのです。

　ただし，明確な答えが出ない発問自体は NG ではないものの，使い方を誤ればNG発問になります。次のことに注意しましょう。

●目標と合致させて

　既に確認したように，発問は授業の目標に支えられています（1－4参照）。目標を達成させる手段として，発問があるのです。

　明確な答えが出ない発問についてもそうです。そこで明確な答えが出るかどうかではなく，その目標が達成されるかどうかが本質的な問題なのです。

　今回の事例の目標は，「文章の内容と自分の体験とを結び付けて，感想を持つ」ことです。この発問を考える中で，子どもたちがかたつむりくんに手紙を託したかえるくんについて，「自分の体験」をもとに「感想を持」てることが何より目指されます。

●わかったところ・わからなかったところを区分して

　目標達成が本質とはいえ，「実はこれは答えがないんだよね」で終わってしまうと，一生懸命考えたのに……という徒労感が子どもたちの中に残ってしまうかもしれません（ゆくゆくは，答えのない"問い"を楽しむ子たちになってほしいんですけどね）。そもそも，「先生も答えがまったくわからない」で終わってしまうと，発問ではありません（ことはじめ③参照）。

　3－6でも述べますが，授業中の発問の答えはなるべく明示しましょう。たとえ明確な答えがない発問でも，教師が「ここまではわかったけど，これはわからなかった」という形で答えを示してあげることはできます。その授業でわかったことと，わからないまま残ったことを区分してあげるのです。

●教師自身があらかじめ答えを検討して

　教師自身があらかじめその答えを検討しておくことも大切です。明確な答えは出せないのですが，ある程度，このようなことは言えそうだ（もしくは

言えなさそうだ）ということを把握しておくのです。

　今回の「お手紙」の例で考えてみましょう。教師の発問に対して，Ａさんが，「がまくんと一緒に手紙を待ちたかったから，かたつむりくんに手紙を渡した」と答えたとします。

　ただ，かえるくんががまくんと一緒に手紙を待ちたかったかどうか，明確に判断できる箇所は本文中にありません（むしろかえるくんは，がまくんの家で手紙が早く着いてほしそうな素振りを見せています）。また，この答えは，確かにかえるくんが自分自身で手紙を運ばなかったことの理由にはなっていますが，では，なぜ他の動物ではなく，よりによって足の遅いかたつむりくんに依頼したかの理由にはなっていません。

　……ということを，教師が事前に把握していれば，教師は即興で子どもの発言に対応できるでしょう。例えば，Ａさんに「なるほど，でも，かたつむりくん以外の動物に頼めば良かったんじゃないかな」などと切り返すこともできます。もしこれらのことを教師が考えていなければ，Ａさんの発言に対して，「へー，そうかもしれないね」ぐらいの発言しかできないでしょう。

乱発は避けて

　明確な答えがない発問は，子どもたちの思考に大きな負荷をかけます。先ほど，明確な答えがない発問は「いたずらに子どもを混乱させる」という考えにも触れましたが，その考えは一理あるわけです。また，この発問について考えるための時間も長く必要です。明確な答えのない発問が毎回の授業で出てくると，子どもたちは結構しんどいと思いますよ。

　また，明確な答えがない発問を乱発していると，「先生もよくわかってないんじゃない……？」という子どもたちの不信感を招くおそれもあります。子どもたちが，「この人は，自分たちにはわからないことを知っているぞ」という尊敬・畏怖の念を教師に対して持っていること。それは，教育的関係の根幹です。子どもの不信感は，その根幹を揺るがすおそれがあります。

　以上のことから，明確な答えがない発問の乱発は避けましょう。

この本に込めた願い

幸坂：この本って，カテゴリーとしてはハウツー本ですよね。NG という形を通して，現場の先生方に，授業の方法を非常に具体的なレベルで示している。

宮本：そうだね。NG っていうのは発想として面白いと思う。NG を見ることで，先生方が「あー，自分もこんなミスしてるわ」っていうことに気づける。それを出発点として，じゃあどうしていけばいいかなって考えられる。

幸坂：「これがいい発問ですよ」って示されても，「よし，自分もやってみよう」とは思うかもしれないけれど，普段の自分の授業を内省するって方向には行きにくいですよね。自分の発問を本当の意味で改善しようっていう気にはなりにくい。

宮本：そうだね。その意味で，NG を見せて，読者の先生方に自分の授業を振り返ってもらって，先生方がどうしてそれがだめなのかということに気づけるのは重要な気がする。

幸坂：そうですね。

宮本：あと，この本を単なるハウツー本にしたくない

って思いは，幸坂先生と共通してたよね。具体
的なハウツーを示しながら，最初からちゃんと
読めば，発問の基礎がわかるようになっている。
この本の読者には，この本で示されているのはハウツーなんだけど，
そのハウツーの底に何があるのかっていうところを読み取ってほしい。
実はハウツーって，じっくり見るとそこからその人がどんな授業を理
想としているのかっていう授業観が透けて見えてくるものだからね。

幸坂：「はじめに」でも書いたように，確かにこの本は，発問をする上での
　　　最低限のルールを中心に書いている。で，そのルールは先行研究が明
　　　らかにしてきてくれているものを中心にまとめている。だから，決し
　　　て私たちが勝手に考えるルールを主観的に出しているわけではない。
　　　とはいえ，やっぱりそこには，ぼくたちの授業観が透けて見えちゃい
　　　ますよね。

宮本：そうだね。それは不可避だと思うよ。

幸坂：発問を考えるときって，そもそも発問単体で考えることが難しいです
　　　よね。発問を，発問の背後にあるものとのつながりで考えないといけ
　　　ない。「発問が NG かどうかを判断するためには，その背後にある目
　　　標とのつながりを見ないといけないですよ」とか，「発問というのは，
　　　授業展開という流れの中で見るものですよ」とか。本書の中でも繰り

返し述べていることです。

宮本：そう。発問の背後にあるものって，いろいろある。教材研究も大事だ
し，その先生がどんな授業を理想と考えているかという授業観も関わ
ってくる。

幸坂：ぼくらの意識は，発問のハウツーを扱いながらも，結局どんな授業を
ぼくらがしていきたいかという思いを乗っけていくこと。それがこの
本で見えているといいですよね。

2

どう問いを並べるか

1

6年「イースター島にはなぜ森林がないのか」
（東書）

「序論には，
何が書いてあるのかな？」

☑ こんな発問，していませんか？

目　標	筆者の論の進め方を確かめる。
ここまでの展開	「段落分け」を行った後に，「段落を三つに分けることができない」や「三つに分かれるにしても分かれる場所が違っている」「四つに分かれる」といった意見が提示された後，各段落を確認する場面。

いろいろな説が出てきたけど，順番に見ていこう。**序論には，何が書いてあるのかな？**

問いがあります。

「イースター島の森林は，なぜ，どのようにして失われてしまったのだろうか。」という問いです。

なるほど。それで？

第二段落を読むと，「今」は森林がないことがわかります。

付け足しですが，「今」は「森林はほとんど見られない」けど，「『花粉分析』の結果」から，「西暦四〇〇年ごろには，島全体が森林におおわれていたことが明らかになった。」とあり，「今」と「昔」ではイースター島の様子が違っていることがわかります。

教科書に書いてあることをもとにして，詳しく説明してくれたね。

☑ ここがNG！

　教師と子どものやりとりを見ていると，問題のない展開であると判断できるかもしれませんね。

　授業の展開としては，「段落分け」を行った後の展開となります。本文を通読した後に，「序論・本論・結論」を分ける展開，「段落分け」を行った後に，段落ごとに詳細に読解をしていく展開はよく見られる学習指導過程です。とりわけ，ここの場合は，「序論・本論・結論」をどう分けるのかということの見解が割れているのですから，具体的にどう分けることができるのかを見ていくことは重要な点であるように思われます。

　ただし，こうした学習指導過程を組織する上で重要となるのは，**子どもたちにとっての必然性**です。子どもたちは「段落分け」を行うにあたり，詳細に本文の記述内容を読解し，分析を行っているはずです。問題は，子どもたちの見解が割れたところです。本文の記述内容，そして子どもたちの見解を総合すると，「序論」について見解が割れたとは想像できません。事実，ここで教師は，「順番に見ていこう」と発言し，教材内容を前から順に押さえていくような展開をとろうとしています。さらに，子どもたちの発言内容を見てみると，「序論」についての記述内容についてはしっかり理解しており，「序論」がどこからどこまでか，そしてその内容の理解に至るまで読み取れており，「段落分け」ができていると見なすことができるでしょう。

　教師の願いとしての「より正確に読ませたい」という思いは理解できます。しかし一方で，こうした思いは，子どもたちの中に，「わかっていることを，なぜもう一度確認させられるのだろうか」という疑問を生じさせることになるかもしれません。子どもたち自身に，活動の意味が見出せない活動を組織することになる発問は，学習に対する子どもたちの参画を阻害することにもなります。子どもたちに「正しく読ませる」ことに終始するのではなく，**「理解」を深める"問い"を準備していくことが重要です。**

☑ OK 発問にするには，こう変える！

本文を順番に読みこなし，理解させていくことは大切です。

ただし，教師としては，子どもたちが大まかに「段落分け」ができている事実を捉え直すことが重要です。子どもたちは，大まかにではありますが，「段落分け」ができているということは，文章に書かれている内容を読めているし，理解しているのですから，何もかもを確認する必要はないのです。むしろ，子どもたちの理解の実態をもとにして，**発問自体を取捨選択すること**が求められています。

あらかじめ，発問を準備することは重要ですが，子どもたちとのやりとりの中で，「必要なもの」（＝子どもが理解できていないこと）と「不必要なもの」（＝子どもが理解できていること）を峻別し，即興的に発問できるようにすることが肝要となります。

ここでは，本文の記述内容を前から順番に丁寧に確認することよりも，子どもたちがつまずいているポイント，あるいは考えが割れたポイントを的確に把握した上で，その**ポイントを焦点化できるように，「問い直す」こと**を意識すると有効な発問になると考えられます。

「大きく問う」ことによって，概要を捉える

教師としては，「文章を前から読むのではなく」と言われても，「本当にそれで子どもたちは理解できるのだろうか」と不安になりますよね。「大きく問う」と一言で言っても，勇気がいります。

こういうとき，題名に着目したり，問題提起に着目したりすることで，「大きな問い」を準備することができます。例えば，題名を発問に利用してみると，文章全体を捉え直すような「大きな発問」になっていることもありますし，内容を読解する活動にスムーズに移行することもできます。

・「イースター島にはなぜ森林がないのか」な？

・イースター島には「森林がない」んだけど，なぜなのだろうか。筆者の考えをまとめてみよう。

・筆者が，イースター島を例に取り上げたのは，なぜかな？

　こうした発問を準備すると，結果としては，文章を前から読む活動にはなりますが，子どもたちが読んだ内容を整理し，まとめていく授業展開になることは想像できるでしょう。すでに，子どもたちは理解できていることですから，詳細に読解していくことは必要ありません。むしろ，子どもたちの理解をもとにして，情報を整理させ，まとめさせていくことで，確かな読みを形成していくことができるでしょう。また，例の使われ方に子どもたちの意識を向けさせることで，説明的文章を読むことの学習の目的でもある「論理の展開」や「論理の形成」を学ばせていくことにもなるはずです。

子どもたちの意見が割れているところから問う

　例えば，「結論」にあたる部分での分け方で意見が割れているのであれば，まずは，クラス全体で，どういう分け方があるのかを整理し，確認してみるといいでしょう。

・「結論部」の分け方がばらばらなんだね。まずは，みんなの分け方を教えてくれるかな。

　こうした発問を行うことで，文章の部分的な分析や解釈が展開されることになりますが，子どもたちには本文全体を読み直し，なぜ自分の分け方が正しいのかを説明することが求められます。当然，文章全体の中での位置づけを語り合うことになることは想像できますよね。分け方を考え，その理由を語り合うことで，クラス全体で読むという活動を展開することができるはずです。

2

2年「スイミー」
（学図／教出／東書／光村）

「気持ちはどう変わって
いったのかな？」

☑ こんな発問，していませんか？

目　標	場面の様子に着目し，登場人物の気持ちを読み取る。
ここまでの展開	前時で，第二場面を読み取った後，第三場面の読解を行う場面で，一人ぼっちになったスイミーが，海の中ですばらしいものに出会い，元気を取り戻していく場面の読み取り。

スイミーが「だんだん元気をとりもどした」とあるけど，なぜかな？

海の中で，すばらしいもの，おもしろいものに出会ったから。

何に出会ったのかな？

くらげ。いせえび。見たこともない魚たち。こんぶやわかめ。うなぎ。いそぎんちゃく。

そうそう，いろいろなものに出会って，スイミーは元気になっていったんだよね。**気持ちはどう変わっていったのかな？**

うれしくなった。

明るくなった。

暗い気持ちだったのが，明るくなったんだね。**でもね，ここではただ「くらげ」や「いせえび」に出会ったのではなく，どんな「くらげ」や「いせえび」に出会ったのかな？**

✓ ここがNG！

　ここで問いたいものは何だったのでしょうか？

　気持ちを問うことが目的だったのでしょうか？

　教師に求められることは，発問を単体で捉えるのではなく，その連続性の中で捉えていくことです。とりわけ，子どもたちに何を考えさせたいのか，国語の力として何を身に付けさせたいのかを意識して，学びが深まっていくような展開を組織することが必要です。

　具体例に示した発問を見ていくと，スイミーが出会ったものを問うたり，心情を問うたり，そしてさらに出会ったものの様子を問うたりと，発問の順番が行ったり来たりしていますね。記述の順序からは，「スイミーは，だんだん元気をとりもどした。」とあり，その後に何に出会ったのか，そして出会ったものの様子が描かれています。こうした記述の順序性に従えば，問題はないと判断されるかもしれません。

　しかしながら，何に出会ったのか，出会ったものたちがスイミーからどう見えたのかを捉え直すことは重要であり，だからこそ，スイミーの気持ちの変化も捉えることができるはずです。しかも，前の場面との変化を捉えるならば，「くらい海のそこ」を泳ぐスイミーの眼前に広がっていた世界との違いを捉えることもしなければならないはずです。さまざまな色で彩られる世界は，スイミーの眼前の世界であるとともに，スイミーの気持ちそのものの変化を示すものでもあるはずです。場面の変化とともに，気持ちが変化するという物語の基本構造を確認する意味でも，場面の変化をいかに確認するのか，「何を問うのか」ということを観点として，**子どもたちに実際に考えさせる内容を整理し，発問化していくこと**が求められます。

☑ OK 発問にするには，こう変える！

　まずは，前の場面との違いを明確にしていくことが必要です。場面の変化とともに，気持ちが変化することを確認するのは，物語教材の基本的な読み方でもあります。「『元気をとりもどした』とあるけど，なぜかな？」というのはいい発問です。そして，子どもたちの発言をもとにして，さらに「何に出会ったのかな？」という発問も問題はないでしょう。

　ただし，この後の発問の展開を見ていくと，次のようになっています。

T：そうそう，いろいろなものに出会って，スイミーは元気になっていったんだよね。気持ちはどう変わっていったのかな？

T：暗い気持ちだったのが，明るくなったんだね。でもね，ここではただ「くらげ」や「いせえび」に出会ったのではなく，どんな「くらげ」や「いせえび」に出会ったのかな？

　いきなり，気持ちの変化を問い，そして出会ったもののようすを確認する発問になっています。構造的に考えるならば，「出会ったもの」を確認した上で，その「出会ったもののようす」を読み取り，スイミーの気持ちを考えていく展開の方が適切です。

C：海の中で，すばらしいもの，おもしろいものに出会ったから。
T：**何に出会ったのかな？**
C：くらげ。いせえび。見たこともない魚たち。こんぶやわかめ。うなぎ。いそぎんちゃく。
T：なるほど，さまざまな生き物たちに出会ったんだね。**さまざまな生き物たちのようすを教えてくれるかな？**
C：ゼリーのようなくらげ。

C：水中ブルドーザーみたいないせえび。

……

T：**前の段落と比べて，違いはないかな？**

C：たくさんの色が出てきます。

C：前の段落は「くらい海のそこ」で，スイミーも「こわかった」し，「さ
びしかった」し，「かなしかった」けど，色もたくさんで，楽しそうに
泳いでいると思います。

T：「楽しそう」って言ってくれたね。気持ちも考えてくれたよ。**「楽しそ
う」っていう意見に対して，皆さんは賛成かな。反対かな？**

　場面の変化を比較する際，その比較の観点を明示し，気持ちの変化を読み
取ることが大切になります。場面の変化は，「時・場所」などの変化を起点
としながらも，それだけで語られるものではありません。

　また，海の中の景色は，語り手が語る内容であるとともに，スイミーの視
点を通して語られたものです。例えば，言語表現の特徴を捉える発問になり
ますが，次のような発問も有効になるかもしれません。

・「〜のような」「〜みたいな」という「たとえ」は，誰の目に見えている景
色かな？

・「〜のような」「〜みたいな」という「たとえ」から読み取れることは何だ
ろうか？

　「すばらしいもの」「おもしろいもの」とは，スイミーの目に見える光景で
あり，この光景を見ている中で，「だんだんと元気になってきた」ことが読
み取れます。また，スイミーが「元気になってきた」から，景色が変化した
という読み取りも成立するかもしれません。いずれにしても，読みを深めて
いくためには，場面の変化の観点を明確に把握させ，その上で心情の変化を
読み取るように努めることが求められるのです。

3

く

「かなしかったのは
がまくんだけかな？」

☑ こんな発問，していませんか？

目 標	場面の移り変わりに注意して，登場人物の気持ちの変化を読み取る。
ここまでの展開	通読後に，初発の感想を問う場面。

がまくんをみんなはどう思う？

「もらったことないんだもの」というところで，がまくんはかわいそうだなと思いました。

「ああ。いちども。」というところも，かわいそうだと思いました。

一度ももらったことがないなんてかわいそうだと思いました。

「毎日，ぼくのゆうびんうけは，空っぽさ。」の「毎日」「空っぽ」が，毎日見ているのに手紙が来ないなんて本当にかなしかったと思います。

かなしかったのはがまくんだけかな？

二人ともかなしかったと思います。

挿絵を見ると，二人ともかなしい顔をしているから二人とも同じ気持ちだったんだと思います。

付け足しですが，「どうしたんだい」と聞いているからがまくんのことをかえるくんは気にかけていて，かえるくんはやさしいと思いました。

私も，かえるくんは一緒にかなしい気持ちになっているからやさしいと思いました。

☑ ここがNG！

　「○○をどう思う」などの感想を述べ合う発問自体は，よく見られる発問であり，子どもたちの感想を問うこと自体は問題ではありません（なお，「どう」という表現には注意が必要です（3－2参照））。

　しかし，「かわいそうだ」という感想を並べ立てたところで，作品世界を深く読むことにはならないのです。こうした問いかけの授業で見られる板書は，およそ以下のようなものになることが想像されます。

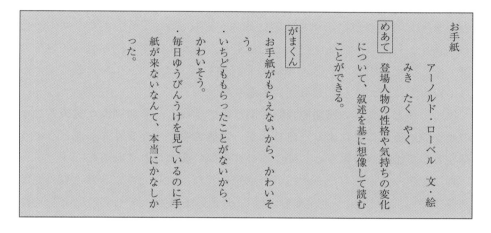

お手紙
アーノルド・ローベル　文・絵
みき　たく　やく

めあて
　登場人物の性格や気持ちの変化について、叙述を基に想像して読むことができる。

がまくん
・お手紙がもらえないから、かわいそう。
・いちももらったことがないから、かわいそう。
・毎日ゆうびんうけを見ているのに手紙が来ないなんて、本当にかなしかった。

　発問と板書は対応しており，教師の発問に対する，子どもたちの応答はしっかりと記述される展開になっています。ただし，単に子どもたちの感想が羅列されるだけの，整理もされない単なるメモ的な板書になっていることがわかりますよね。

　しかしながら，そもそも授業の目標として掲げられている，「登場人物の性格や気持ちの変化について，叙述を基に想像して読むことができる。」についての"問い"として，「がまくんをみんなはどう思う？」「かなしかったのはがまくんだけかな？」は，適切な発問と考えることができるかを検討することが必要となるはずです。子どもたちの発言が多くなされることは想定

されますが，板書自体は子どもたちの意見が羅列され，その関係が位置づけられることになるのは必至でしょう。

☑ OK発問にするには，こう変える！

　発問としての「がまくんをみんなはどう思う？」自体は，本文の記述に基づきながら，子どもたちの率直な感想を引き出すことになります。

　ただし，ポイントは感想そのものではなく，何を根拠にしたのかということです。「がまくん」をかわいそうと判断した根拠，そしてなぜそう言えるのかを子どもたちが提示することに意味があります。「がまくんをみんなはどう思う？」という発問を起点とした上で，「『かわいそう』と思っているのは，みんなだけだろうか？」といった発問を行うことで，「かえるくん」からの視点が位置づけられる可能性もあります。

　単に，**子どもたちの感想や判断を問うのではなく，その判断が誰のものなのかを問い直すことにより，語り手が，物語の中で「がまくん」をどういう存在として位置づけようとしているのかを問い直すことになる**のです。

　物語を読み，子どもたちが抱いた感想や判断は決して否定されるものではありません。むしろ，「物語の構造」に引き込まれた，そして読者として位置づけられた子どもたちを認識させる仕掛けともなるのです。小学校２年生という発達段階の子どもたちにそういうことを伝える必要はないですけどね。

　また，端的に登場人物像を問うこともできます。「『がまくん』の人物像は？」「『がまくん』ってどんな人？」という発問です。ただ，こういう問い方は，子どもたちにとっては少し難しいものかもしれません。

　しかし，「がまくん」の性格を明らかにすること，そして気持ちの変化を捉えることは授業のポイントであり，言語能力の育成に関わることだと思います。

　だとすれば，「『がまくん』のこと，好き？」とか，「『かえるくん』のこと，好き？」などの発問も有効かもしれません。「好きか，嫌いか」と問わ

れているわけですから、「好き」「嫌い」と答えることになりますが、この続きとして、「好き」「嫌い」の理由を答えることが想定されますよね。当然のことですが。理由を説明する際に、「人物像」を本文の記述内容をもとに説明していくことが求められます。こうした取り組みが、主体的な読者を育てることになるでしょう。

　いずれにしても、子どもたちの**判断をきっかけとして、本文をもとにして理由を構築させていくような"問い"を構築する**ことができれば、子どもたちの読み取りを板書の中に位置づけ、読みを共有していくプロセスを構築することができるでしょう。

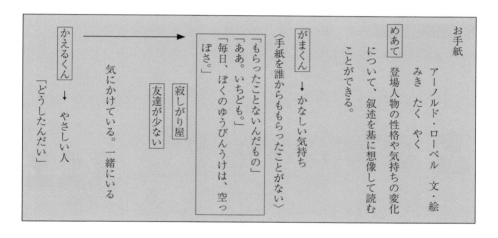

「本文で『すがたをかえる大豆』の例として紹介されているものを順番にあげていくと？」

☑ こんな発問，していませんか？

目標	筆者が取り上げた例の順番の意味を考える。
ここまでの展開	前時までで，大豆がさまざまに姿を変えて「おいしく食べられている」ことを読み取った上で，その例の順番について考える場面。

本文で「すがたをかえる大豆」の例として紹介されているものを順番にあげていくと？

大豆，きなこ，とうふ，なっとう。

みそやしょうゆ。

もう終わりかな？

えだ豆や，もやしもです。

たくさん例があがりましたね。**でもさ，「えだ豆」や「もやし」も「すがたをかえる大豆」の例としてあげていいのかな？**

教科書に書いてあるから。

本当に？　教科書にあるからいいの？「えだ豆やもやし」は「すがたをかえる大豆」の例になるのかな？

実際に，「すがた」は変わっているからいいと思います。

「えだ豆」は緑色でしょ。「もやし」だって色が違うから，変わっています。

なるほど。確かに「すがたがかわっている」よね。色が違うというのも「すがた」の変化ということができそうだよね。でね，教科書を読むと，「これらの他に」とあって，「えだ豆」や「もやし」が例にあがるんだけど，**「これらの他に」とはどういうことなのかな？**

「大豆やきなこやとうふ，みそ，しょうゆの他に」ということだと思います。あ，「なっとう」忘れてた。

「これら」の指示内容は，具体的には，今言ってくれたことだよね。**でも，「これら」って今あげてくれた具体的な食べ物のことなのかな？**

「これらの『おいしく食べるくふう』の他に」ということなんじゃないのかな？

え？　どういうこと？　大豆やきなこ，とうふ，なっとう，みそやしょうゆ」は大豆を『『おいしく食べる』くふう』だよね。**筆者がこういう順番で紹介しているのは意味があるよね？　どういう工夫があるかな？**

✓ 実は……NG ではありません！

NG ではない理由

　やりとりの基本構造が，一問一答形式になっています。つまり，読めばわかるような確認を中心にした発問が連続している状態だということです。そういう意味で，学びの深まりが見られないような展開であるように思えます。

　しかしながら，やりとりの内実を見ていくと，紹介される例がどういう構造になっているのかを読み取らせようとする意図があることを理解することができます。

〈大豆をおいしく食べるためのくふう〉
①大豆をその形のままいったり，にたりして，やわらかく，おいしくするくふう　…　豆まきに使う豆・に豆
②こなにひいて食べるくふう　…　きなこ

③大豆に含まれる大切なえいようだけを取り出して，ちがう食品にするくふう … とうふ

④目に見えない小さな生物の力をかりて，ちがう食品にするくふう … なっとう・みそやしょうゆ

↓ ↑

〈これらの他に〉

とり入れる時期や育て方をくふうした食べ方 … えだ豆・もやし

＝

おいしく食べるくふう

　教材に示された例の順序とその例で言おうとしていることは，上のように，まとめることができます。さらに，筆者が「大豆を『おいしく食べるくふう』」として上のような順序で紹介するのには，理由があります。①は，大豆本来の姿を残したままです。②は，大豆が姿を変え，粉になります。③は大豆の姿は消えてしまい，栄養だけが取り出されることになります。④は，生物の力を借り，大豆の姿を残す「なっとう」，そして姿を消した「みそやしょうゆ」となるのです。

　説明的文章を読むことの学習において，内容か形式かの議論はこれまでも展開されてきた課題です。一問一答形式で問うことで，一つ一つの確認がなされていくとき，「まだ解決されない課題」「明らかにしなければならない事実」が焦点化されることがあります。ここでは，筆者の論の展開，取り上げた例の順序に対する認識を形成することにつながります。

　発問の順序性に気をつけ，一つ一つ丁寧に読みを積み重ねていくことにより，**課題を焦点化し，子どもたちに新たな"問い"を形成することができる**のです。

一問一答形式の有効性

　一問一答形式の発問を一概に否定することはできません。授業の中で「自分の考えを持たせる」ことを重視する傾向があるのは事実です。実は，一問一答形式で問うことによって，子どもたちはわかっていることを確認していくことができるだけではなく，反対に「わからない」ことを明確化していくことができます。例えば，「すがたをかえる大豆」の具体例の並びには，明らかに筆者の意図がありますよね。

　こうした意図を子どもたちは自力で理解できるでしょうか？

　筆者の意図などわからなくてもいいと言う人もいるかもしれませんが，我々は人に説明するときに，どう説明するのかをかなり意識していますよね。どう説明するのかを考えていくことは，子どもたちを表現者として育成していく上では，重要なポイントです。「わかりやすい」あるいは「説得的」な表現をするためのポイントを学ぶには，「他者の文章」や「他者の話し方に学びながら」というのは基本です。そういう意味では，「すがたをかえる大豆」は，よりよい表現をするための観点を提示してくれる大切なモデルになります。こうした**学習の目的を意識し，一問一答形式の発問が有効に働く場面を構想し，子どもたちが授業に参画する姿，よりよく理解していく姿を描くことが教師には求められています。**

6年「海の命」
(東書／光村)

「『村一番の漁師』って 誰なんだろうか？」

☑ こんな発問，していませんか？

| 目 標 | 物語全体の内容及び構造を理解する。 |
| ここまでの展開 | 通読後に行う物語の設定の確認の場面。 |

登場人物は何人いた？

太一，おとう，与吉じいさ，母，瀬の主。

では，「村一番の漁師」って出てくるけど，「村一番の漁師」って誰なんだろうか？

え？　太一でしょ？

本当に？

だって，教科書では，太一がそう言われているし，与吉じいさも認めているじゃん。

うん，だから，「そう書いてあるから」は理由にならないよね。教科書を読んで，根拠をしっかり考えて，自分の考えを述べてほしいな。

「おとう」ではないでしょ？　海で死んだんだから。

「与吉じいさ」というのも考えられるよね。「村一番の漁師」の漁師としての考え方を育てたんだからさ。

なるほど。いろいろと考えられそうだよね。じゃあ，自分の考えをしっかり書いてみてね。

☑ 実は……NGではありません！

NG ではない理由

　教材の全体を捉えるような「大きな問い」を授業の冒頭から問うことは難しく感じてしまいます。

　しかし，「『村一番の漁師』は誰だろう」と問い，物語を読み進めることができたら，子どもたちは目的的に文章を読むことになるはずです。それと同時に，こうした問い方をすることによって，「登場人物像」を探りながら読み進めることにもなるはずです。

　「おとう」と「与吉じいさ」の「漁師」としての考え方の違いや，「太一」が「与吉じいさ」から引き継いだ思想，あるいは「漁師」としての生き方などをまとめる子どもたちがいるでしょう。さらに，「太一」が「村一番の漁師」であることを，「与吉じいさ」の考えと，その考えに基づく違う行動を分析しながら，子どもたちなりにまとめていく子どもたちもいるでしょう。いずれにしても，「大きく問う」ことによって，子どもたちなりに自分の考えをまとめる活動が組織されることになりますが，満足のいく完璧な回答を準備することはできないでしょう。

　だからこそ，**「大きく問い」，子どもたちに自分なりの回答を準備させながら，教室で，みんなで学ぶ，みんなで読みを形成していく取り組みが組織される**ことになるのです。「なんとなく」「曖昧模糊としている」けど，さらに「十分ではない」けど，「途中まで」だけど，「自分なりの考え」が形成され，まとめられるからこそ，全員で読みや理解を進めていく契機になるのです。

　教師として，「大きな問い」を準備する際に気をつけたいことは，教材の特性とそこから導き出される教科目標が何かということです。どういう力を身に付けることができる教材なのかを常に考え，読むことの学習の目的を達成できる発問を準備することが，「大きな問い」を中軸にする授業づくりの基本となります。

判断を問う

　教材を読むとき，我々は「わかるな～」「おもしろいな～」といった反応や，一方で「つまらない」「なんかしっくりこないな～」などといった反応を抱くはずです。「教室で読む」ときにも，やはり同じような反応が示されるはずなのですが，なぜか分析したり，解釈したりすることばかりが目指され，こうした素朴な反応は捨象されているのではないかと思います。教材自体を多面的に吟味したり，批評したりする活動は，読書行為としては自然な行為ですよね。教材を肯定的に評価する場合もあるでしょう。さらに，違和感を持つこともあるでしょうし，批判することもあるはずです。読者としての判断をさせる局面を，学習に配置する努力はしてきたでしょうか？

　ただし，印象で終わらせるのではなく，「なぜ好きなのか／なぜ嫌いなのか」「何がいいのか／何が嫌なのか」など，理由を本文の記述に基づきながら深く探っていくことが必要となるはずです。こうした探究の過程を組織することは，結果として深く読み，理解する過程にもなるはずです。子どもたちに判断させ，その理由を説明させるのが，「大きく問う」前提になっていることを理解しましょう。

判断の理由を考える観点

　判断をさせていくことが重要ではありますが，教師としては，判断を支える根拠，少し簡潔に言えば，「なぜそう考えたのか，なぜそう判断したのか」を考える観点については整理しておくことが求められます。

　例えば，判断の観点を次のように整理することもできるでしょう。ここに書かれたものが全てではありませんが，「判断を支えるための観点」の整理としては，なんとなく理解できるでしょうし，納得も得やすいものでしょうから，参考にしてみてください。

　教師としては，経験則からでも構いませんので，自分なりの判断をさせるポイントを作成し，「大きな問い」をする際の指標にしていくことが求められているのではないかと思います。

人物設定や場面・事例	題名・構造	語り手・筆者
・登場人物設定の工夫 ・場面展開の工夫 ・事例展開の工夫	・構造の工夫 ・特徴的な記述方法 ・題名の特徴	・語り手の設定の特質 ・筆者の特質 ・語りの特質 ・語り方の特徴

　教材は，さまざまな世界を内包しています。登場人物がやりとりする物語世界，そしてその物語世界の登場人物は，表現世界で語り手が語り出す特徴的な人物であったりします。さらに，それを読者として我々は受容し，何らかの判断をしているのです。

　だとすれば，読者として，それぞれの反応を大切にしながら，世界を吟味させたり，批評させたりして，子どもたちの「素朴な思い」を語らせ，教材自体の理解を深めていくこともできるはずです。「大きな問い」をするコツは，判断をさせ，判断の根拠，理由を語らせることであると言っていいのかもしれません。

"その教材ならでは"を
発問するということ

幸坂：教材研究の話が出たので，教材研究と発問について話しておきましょう。宮本先生は，教材研究と発問の関係，どう考えていますか？

宮本：発問って結局，教材の本質にどれだけ迫れたか，だと思うんだ。そして，それを教師がどれだけ子どもに感じ取らせようとしているかっていうこと。指導者側の熱意がそのまま発問になっている。それがないと，子どもが教材に出会っていないよね，と思う。

幸坂：教材の本質に迫るためにも，しっかりした教材研究が必要だってことですね。ぼく，時々"その教材ならでは"のことを教えるべきだ，って講義で話すことがあります。例えば「ごんぎつね」の授業で，「ごんと兵十の心情は？」がメインの発問になっている授業がある。そんな授業を見ると，「それ，別に『ごんぎつね』じゃなくてもできたよね」って思うんです。そうじゃなくて，「ごんぎつね」だからこそ教えられるものがあって，それを扱うべきなんじゃないかって。

宮本：その"その教材ならでは"が，教材の本質だと思う。子どもがその"教材ならでは"の部分にいかに参加できているか，それが発問によってどう保障されているのかっていうのを，考えないといけない。

幸坂：「ごんぎつね」でごんと兵十の心情を問うて終わりっていうのは，「ごんぎつね」の本質に触れてないですもんね。

宮本：現状認識を言うよ。今は，どこを発問で問えばいいかっていうことと，どう問えばいいかっていうことだけが横行してしまって，それが結局ハウツーっていう形になってしまってて，それこそが継承されるべき教師の"問い"の文化みたいになっている。先生たちは，「こう発問しろ」って本に書いてあるからその発問をしているだけ，みたいになってしまっている。

幸坂：自分自身が教材をこう読んでるから，子どもたちもそこに出会わせたいなっていう思い。それが抜け落ちているってことですかね。教材分析で，教師がしっかり読むっていうプロセスがなしになってる。

宮本：うんうん。「これ，絶対教えたいんだよ」という教師の熱意みたいなものが，発問の絶対基盤として必要だということ。

幸坂：教師自身の学ばせるものへの自分ごと感というか，「これを教えねば」というのっぴきならなさみたいなものというか。そこがないまま，「学習指導要領に書かれているから」とか，「こういう発問が紹介され

ていたから」とかいう理由で子どもに発問を投げかけちゃうと，上っ面の授業になってしまう。

宮本：そう。本来はその教師の熱意みたいなものに支えられた教材分析をどうするかが議論されるべきなんだよね。でも，そこの議論が抜きになって，発問の表層だけがハウツーとして流行している。そういう問題意識はあるね。

幸坂：うーん……。発問を考える上で，教師が熱意を持って"その教材ならでは"の部分を考えておくことの重要性に異論はないのですが，それを考えるとき，ぼくはいつも恣意性の問題にぶち当たります。例えば，「ごんぎつね」を「これは分かり合えなさの物語だ。それを教えることが"この教材ならでは"として教えねばならぬことだ」みたいな先生がいるとしますよね。そういう先生に出会ったとき，「それは，あなたの決めつけでしょ」みたいな思いが出てくるわけです。教材研究がすごく大事っていうのはよくわかるんですが，「この教材はこう読む」と決めつけられたときの違和感みたいなものも一方で大きい。この教材分析する側の恣意性ってどう考えたらいいですかね。

宮本：その問題を解決するのは，教師自身の読みの正当性をみんなで検証する，という学習集団だと思う。教師の解釈も一つの意見として，そこにこだわらずに検証していくようなクラスの姿勢。それがあるかどう

かだね。

幸坂：たしかに。子どもたち側が，教師が何を発問して，どんな答えを出してきたとしても「それが正しいのかどうか検証してやるぜ」みたいな学習集団であるべきだってことですよね。

宮本：そうそう。教師の発問って，ある意味自分の読み手としての姿がさらけ出されているわけ。で，その読み手としての自分を見せていいし，見せたその姿を子どもたちが評価して検証していく。検証していく中で，教師自身が何を読めていなかったのか，教師の中で見えてくるものとか，まだ見えていないのかっていうものも見えてくる。それが授業だと思うんだ。

幸坂：あと，ぼくが気になるのは，「教材を」か，「教材で」かの問題ですね。"その教材ならでは" のものを追究しようとすると，「そんなことしなくても『教材で』教えられるものを教えればいい。『教材を』深く教えるのが目的じゃないんだから」という声が上がることがある。学習指導要領とかがいう「学力」なるものがはじめに措定されているんだから，それさえ育てればいいよね，「ごんぎつね」の深い部分なんて，教える必要ないじゃん，ということ。だから，授業で "その教材ならでは" の部分を発問に反映させる必要がない。「ごんの心情は？」とか，学力として求められている部分だけ発問すればいいだろ，って

いう。

宮本：「教材で」教えるというのは大切だよ。でも，その教材を取り上げて
　　　いる以上，その「教材を」扱うことは不可避でしょ。どっちかを選ぶ
　　　わけじゃなく，「教材で」と「教材を」をどちらも扱っている，両方
　　　扱っている状況っていうのはあり得るんじゃないかな。

幸坂：なるほど……「教材で」と「教材を」を共存させる。

宮本：そう。で，その共存のためには，“その教材ならでは”をどれだけ掘
　　　り下げられるかが大切なんだと思う。

幸坂：あー，なんとなくわかります。「教材を」掘り下げていくと，どんど
　　　ん教材の深み，つまり“その教材ならでは”の部分が見えてくる。そ
　　　のとき，その深みにはまりこんじゃう感じがしますけど，実はそうじ
　　　ゃないのかもしれないですね。実は「教材を」掘り下げていくと，そ
　　　の教材から離れて，一般化されて，新たな問題領域が拓かれていく。
　　　で，それを教えることが，「教材で」指導していることになる。

宮本：うん。だから，“その教材ならでは”を追究して，それを授業で発問
　　　として投げかけていくことは必要だと思うね。

3

どう問いを発するか

4年「ごんぎつね」
（学図／教出／東書／光村）

「このとき，ごんはどんな気持ち？」

☑ こんな発問，していませんか？

目標	第六場面，兵十の家にくりを持っていったごんの心情を読み取る。
ここまでの展開	第五場面までのごんの心情把握は終わり，第六場面最初の，「明くる日も」「くりを持って」いったごんの気持ちを読むところ。

今日は第六場面だね。最初の文を，みんなで声を出して読んでみて。

「その明くる日も，ごんは，くりを持って，兵十のうちへ出かけました。」

ごんは，また兵十の家にくりを持っていってあげたんだね。**このとき，ごんはどんな気持ち？**

兵十にくりを食べてほしい。 兵十に喜んでほしい。

それだけかな？ 第五場面を思い出してみて。
第五場面の最後で，ごんはどんな気持ちだった？

「つまらない」って思ってる。

自分がくりや松たけを持っていっているのに，兵十は神様に感謝しているから，「つまらない」。

そうだね。第五場面で「つまらない」って思ってたのに，「その明くる日も」持っていったんだよね。今回も，自分だって気づいてもらえないかもしれないのに……。さあ，**ごんはどんな気持ちなんだろう？**

☑ ここがNG！

「えっ，ごんの心情を問う発問がNG!?」と思われる方も多いでしょう。丁寧に説明します。

まず，国語の授業で心情を読み取らせること自体は問題ありません。学習指導要領にも，「登場人物の行動や気持ちなどについて，叙述を基に捉えること。」が内容として明記されています（第3学年及び第4学年「読むこと」イ）。特に，「ごんぎつね」の第六場面で，「明くる日も」「くりを持って」いったごんの心情を把握する活動は，よく「ごんぎつね」の授業で扱われます。しっかり行間を読まないと読み取れないポイントであり，子どもたちにもぜひ考えさせたいですね。

では，この事例の何がNGなのでしょうか。それは，**発問の表現がワンパターンすぎる**，という点です。

「〜の気持ち（心情）は？」という発問，国語の授業で誰しも一度は耳にしたことがあるでしょう。そして，「まーた先生が登場人物の気持ちを尋ねてるよ……」とうんざりしていた方も。

発問の表現がパターン化してしまうことは避けるべきです。子どもたちの頭を働かせる発問の力は大きいものの，その多用は子どもたちの反応を鈍らせます（1-1参照）。昨日も「〜の気持ちは？」，今日も「〜の気持ちは？」……と続くと，子どもたちは思考をやめてしまいます。

発問がパターン化することは，子どもたちにとってわかりやすいというメリットもあります。「よし，前と同じく，今日も心情を読み取るのだな」と，子どもたちが何を考えれば良いかが明確になる，というわけです。

確かに，発問のパターン化には，そのようなメリットはあります。ただ，教師が子どものわかりやすさを意識してその表現を意図的にしていることと，その表現しかできないことには，大きな差があります。ここでNGだと指摘しているのは，後者，すなわち，教師が特定の発問の表現しか持ち合わせておらず，それを繰り返している場合です。

☑ OK発問にするには，こう変える！

　同じ表現を繰り返すことが問題だとすれば，別の表現で同じ内容を発問すれば良いわけです。たとえ活動内容は同じ心情把握であっても，問われる発問の表現が変わることで，子どもたちの意識としては随分違うものです。

　今回の事例で目指されているのは，「明くる日も」兵十の家にくりを持っていったごんの心情を読み取ることです。だとすれば，ごんのこの心情に迫る発問を，「ごんの心情は？」という表現とは別の表現で問えばいい。

　例えば，次のような代案が考えられます。

---

(1)第五場面で「つまらない」と思っていたのに，なぜごんは「明くる日も」「くりを持って」いったのかな？

(2)第三場面では家の中へ入らず「入り口」にくりを置いていたごんは，なぜ第六場面で「こっそり中へ入」ったのかな？

(3)第五場面の後，山に帰ったごんがひとり言を言ったとすれば，何を言ったかな？

---

　(1)は，「なぜ」という形でごんの行為の理由を問う形です。「気持ち」などの表現は使っていませんが，行為の理由を問うことで，ごんの心情に迫ることができます。なお，(1)のミソは，「第五場面で『つまらない』と思っていたのに」という表現も発問に含まれている点です。この表現があることで，「不満に思っているはずのごん⇔明くる日もくりを持っていったごん」という対比が生まれ，子どもたちが「確かに……なんでだろう？」と思考しやすくすることを狙っています。

　(2)も，ごんの行為から理由を問う発問です。が，(1)とは少し違った側面から問うています。ごんは，第三場面で「物置」の「入り口」にくりを置いています。しかし，第六場面では，家の中にまで侵入してくりを置いています。ここからは，兵十の生活圏にどんどん入り込み，くりを置いている自分という存在を兵十に認識させたいというごんの思いを読み取ることができます。

この発問は、(1)と同じく、直接的に心情を問わずともごんの心情に迫らせることができます。かつ、第三場面と第六場面という、子どもたちがきっと結び付けていないであろう離れた場面を結び付け、新たな視点を与えることも期待できます。

　最後の(3)は、作品には書かれていない空所を埋めさせることで、ごんの心情を考えさせる発問です。第五場面の最後（不満に思っているごん）と、第六場面の最初（明くる日もくりを持っていったごん）には、一見すると断絶があります。そこを"ごんのひとり言を考える"という活動によってつなぐわけです。子どもたちからは、「気づいてもらえないけれど、まだうなぎの償いは終わっていないから、明日も届けよう」とか、「少しでも自分に気づいてもらえるように、明日は家の中まで入り込んでくりを置いてみよう」などの"ごんのひとり言"が出ることが予想されます。

　いかがでしょうか。このような「～の気持ちは？」以外の発問の表現の選択肢を持っておけば、発問がワンパターンにならずに済みます。

　さて、「～の気持ちは？」以外にも、国語の授業では"お決まり発問"がいくつかあります。例えば、次のものです。

・この文章の場面（または段落）は、どこで分けられるかな？
・この文章で、書き手が一番伝えたいことは何かな？
・それは、本文のどこに書かれているかな？

　繰り返しますが、これらの発問自体はNGではありません。これらの"お決まり発問"しか選択肢になく、そればかりを反復することがNGなのです。

　ちなみに、発問の表現がワンパターンにならないようにおススメしたいのは、発問を指示の形にすることです。例えば、「本文のどこに書かれているかな？」と発問するばかりではなく、あるときは「本文の該当箇所を人差し指で押さえて。はい、どうぞ」と指示するのです。これは、発問自体を多用しない（1－1参照）という点からも有効です。

2

「この二つの文章を
比べてみると，どうかな？」

✓ こんな発問，していませんか？

| 目　標 | 二つの文章の共通点・相違点を見つける。 |
| ここまでの展開 | 各文章の概要をつかみ，比較読みを始めたところ。 |

みんな，池上さんの文章と鴻上さんの文章，それぞれどんなことが書いてあるか，だいたいわかったね。

> わかりました。

じゃあ，この二つの文章を比べてみると，どうかな？

> ……？　「どう」って……。

そう。池上さんと鴻上さんの文章，それぞれを読むんじゃなくて，比べてみるの。どうかな？

> ……えーと，私は鴻上さんの文章の方が好きだな。私たちに話しかけてくれている感じがする。

> 池上さんの文章も，鴻上さんの文章も，どちらもメディアとの付き合い方について書かれている。

> 二つの文章を比べることは，ぼくはあまり好きではないです。一つだけ読むのと違って，頭を働かせなきゃいけないから。

☑ ここがNG！

　この事例で注目したいのは，先生が発問した直後の子どもたちの様子です。

　先生の発問は，「この二つの文章を比べてみると，どうかな？」です。その直後，子どもたちは，「『どう』って……」と戸惑っているようですね。

　発問直後に，子どもたちが戸惑うとき，それはたいてい，教師から出された発問がスッキリと理解できないときです。このとき子どもたちは，「えっ，何を問われたの？　何を考えたらいいの？」と，困惑しているわけです。

　この発問のNGポイントはここにあります。この発問が**表現として曖昧で，子どもたちにスッキリ伝わっていない**のです。

　実際，この発問の後に子どもたちから出てきた発言を見ても，この発問が曖昧だったことがわかります。発問直後，三人の子たちが発言していますが，それらの発言の中身がバラバラなのです。

　一人目の子は，「鴻上さんの文章の方が好き」だと，自分の好みを答えています。きっと，「二つの文章のうち，どちらが好き？」と問われたと考えたのでしょう。

　二人目の子は，二つの文章の内容面の共通点を述べています。これは，「二つの文章の内容面の共通点・相違点は？」と問われたと判断したのだと思われます。

　そして三人目の子は，比べ読みという行為そのものに対する好みを答えています。「比べ読みという読み方を，あなたは好き？」と問われたと捉えたのでしょうね。

　つまり，このクラスの（少なくとも）三人の子どもたちの間で，発問の意味理解が異なっています。発問が多義的で，複数の解釈が可能な表現になってしまっているわけですね。発問がうまく伝わらないと，教師が子どもたちに考えさせたいことがうまく伝わらず，発問がうまく機能しません。

☑ OK 発問にするには，こう変える！

　発問は，子どもたちがスッキリと意味を理解できるものにしましょう。すなわち，子どもたち全員が同じ解釈をできるようにする，ということです。

　いくつかのポイントに分けて，今回の事例の発問の意味をスッキリさせるポイントを見てみましょう。

問うている対象を焦点化して

　まず今回の発問は，単に「どうかな」とだけ問うています。子どもたちは，何について「どう」と問われたのかがわからないのです。

　今回の目標に照らせば，この発問は二つの文章の共通点・相違点を読み取らせるためのものです。ですから，子どもたちの思考が迷わず文章の共通点・相違点に向かうよう，問うている内容を具体化すると良いでしょう。

　例えば，「この二つの文章を比べてみると，**共通点・相違点は**どうかな？」とすると，いかがでしょうか。「あ，共通点・相違点を考えればいいのだな」と，子どもが思考しやすくなりますね。

　ちなみに，さらに問うている対象を明確にするために，「共通点は？」という発問と，「相違点は？」という発問のように，共通点・相違点でそれぞれ発問を分けるということも考えられます。例えば，子どもから共通点ばかりが出てきて「相違点も考えさせたいな」というときに，「相違点は？」と発問する，という感じです。ただし，場合によっては**問う対象を焦点化しすぎると逆に思考しづらくなったり，答えがすぐに出てきてしまったりする**こともあるので，注意が必要です。

HOW にご用心

　上で挙げた改善例は，さらに良くすることができます。それは，「どう」という表現についてです。

　先生方がよく使う発問の表現に，「どう」「どんな」「どのような」という

表現があります。今回の事例も「どう」を使っていますし，「この漢字は，どんな構成かな？」「ここで〜はどのような気持ち？」等のように，「どんな」「どのような」という表現もよく使われます。

　これらの発問は，HOW で問うています。いわば HOW 発問です。HOW 発問が全て NG だというわけではありません（この本の中でも使っています）。しかし，状態・程度・理由・方法など，**HOW はさまざまな意味に解釈できる疑問詞なので，意味が曖昧になることが多い**です。HOW 発問にするときは，意味が曖昧でないか，他の形にする余地はないかを確認しましょう。

　上で挙げた「共通点・相違点はどうかな？」という改善発問は，HOW 発問ですね。例えばこれを，「共通点・相違点は**何**かな？」にすれば，HOW 発問ではなく WHAT 発問に変わります。「どうかな」よりも「何かな」と問う方が，さらに意味が明確になりますね。

ゆっくりと声に出して

　さて，発問の表現が整ってきました。最後に，この発問をどのように教師が音声として発するか，という点で一つ。

　発問は，子どもたちを考えさせたいところで発されるのでした。言い換えれば，そこで子どもたちに立ち止まってほしいわけです。そのためには，授業をする教師自身が，あたかもそこで少し立ち止まるかのように，ゆっくりと発問を発することが効果的です。決して，大きな声で叫んだり，極端な強弱をつけたりする必要はありません。**ゆっくり，子どもたちの中にしみこむように "問い" を投げかける**のです。

　今回の事例で言うと，次のような感じです。

T：みんな，池上さんの文章と鴻上さんの文章，それぞれ
　どんなことが書いてあるか，だいたいわかったね。　｝普通の速さで

　じゃあ，**この二つの文章を比べてみると，共通点・相
　違点は何かな？**　｝ゆっくりと

3年「ありの行列」
（光村）

「『なか』に書かれている
ウイルソンさんの実験について
読み取っていこうと思うんだけど，
ウイルソンさんが最初に何をしたら，
結果として何が起きたかな？」

☑ こんな発問，していませんか？

目　標	「なか」に書かれている実験とその結果・考察を読み取る。
ここまでの展開	「はじめ」「なか」「おわり」を把握した後，「なか」の読み取りを始めるところ。

ウイルソンさんの実験について書いてあるね。「なか」に書かれているウイルソンさんの実験について読み取っていこうと思うんだけど，ウイルソンさんが最初に何をしたら，結果として何が起きたかな？

うーんと……。まず，巣から少しはなれた所に，ひとつまみの砂糖をおいた。

そしたらね，一匹のありが砂糖を見つけた。

そのありはね，はたらきありなんだよ。

うんうん。

それでね，そのはたらきありが，巣に帰った。

他のありを呼びに行ったんだと思います。

それで，砂糖のところにたどり着いた。

うん，そうだね。

そこで実験の一つ目は終わってね，次の実験に移るんだけど，次はウイルソンさんが大きな石を置いてね……

☑ ここがNG！

　この事例がNGなのは，**発問が長すぎる**という点です。

　なぜ発問が長すぎるとNGかというと，**意味がスッキリ理解できないから**です。発問の意味が一つに決まるようにすべきだということは確認しましたね（3-2参照）。発問の長さも，そのスッキリ度に大きく影響します。

　発問するとき，子どもがわかりやすいように，むしろ丁寧に長く話した方がいいのでは，と思われる方もいるでしょう。が，それは誤解です。

　この事例のように，発問をとても長く話してしまう先生は意外と多くて，特に教員を目指している大学生が初めて授業をすると，このような長い一文で発問をしてしまうことが多いという実感が日々大学生に接している私にもあるのですが，これは発問だけに限ったことではなく一般的に言えることで，一文が長くなるとその文が何を言っているのかとてもわかりにくくなるという傾向があり，それはきっと何を言っているのか，その人が言いたいことの焦点がぼやけてしまうことが大きく影響しているのだと思います。

　……ほら，わかりにくい。長い文は受け取る側にストンと入ってこない。そういうものなんです。

　ですから，先生が親切心で発問を長くすればするほど，焦点がぼやけます。今回の事例では，うまく子どもたちが発問に答えているように見えますが，こんな風に授業が進むのは稀ですよ（この事例の子どもたちは，きっと"できる"子たちなんでしょう）。たいていは，教師が長い発問をすると子どもたちは混乱します。

　私は，長い発問に出会うと，向山洋一先生のことばを思い出します。それは，「言葉を削れ」です。向山先生は，教師の授業力を上げるための重要なファクターの一つとして，「言葉を削る」ことを重視されています（向山洋一『教え方のプロ・向山洋一全集88 言葉を削れ・説明ナシで授業をつくれ』明治図書，2011年）。

　今回の事例の発問は，**「言葉を削り」スッキリさせる必要がある**のです。

✓ OK 発問にするには，こう変える！

長い一文を分けて

　今回の事例の発問の「言葉を削り」スッキリさせるために，この発問を意味内容で分割してみましょう。

「なか」に書かれているウイルソンさんの実験について読み取っていこうと思うんだけど（前置き），／ウイルソンさんが最初に何をしたら（発問１），／結果として何が起きたかな？（発問２）

　三つのパートに分けられました。これらはそれぞれ異なる内容ですから，文を分けましょう。つまり，ダラッと一文にするのではなく，一文一文を分けるのです。すると，次のようになります。

【前置き】「なか」に書かれているウイルソンさんの実験について読み取っていこうと思います。
【発問１】ウイルソンさんは最初に何をしたかな？
【発問２】結果として，何が起きたかな？

　どうでしょうか。一文を短くするだけで，だいぶ印象が変わりましたね。

前置きを削って

　でも，まだです。さらに「言葉を削る」ことはできます。それは，【前置き】です。

　現場の授業を見せていただくと，発問の【前置き】をしている先生が多いことに気づきます。「今日は，結構難しいことをやろうと思ってるんだけど」とか，「今日みんなに考えてほしいのは」とか，表現はいろいろあるのですが，発問の予告のような発言がなされるのです。

　この【前置き】は，「言葉を削る」上で真っ先に削る対象になります。なぜなら，別にあってもなくてもほとんど変わらないからです。「今日は，結

構難しいことをやろうと思ってるんだけど」なんて言わずとも，発問されれば，「おっ，今日やることは，いつもより難しそうだ」と子どもは感じます。「今日みんなに考えてほしいのは」なんてわざわざ言わなくても，発問されれば子どもは考え始めます。

　この事例もそうです。「ウイルソンさんの実験について読み取っていこうと思」うなどと教師が言わずとも，いきなり「ウイルソンさんは最初に何をした？」と発問すれば，子どもは「ウイルソンさんの実験」を「読み取」り始めます。このように，往々にして【前置き】は「削れ」るのです。

　なお，全員が発問を聞く体勢でないとき，意図的に【前置き】を出すことはあります（3－7参照)。それは例外的なものだと思ってください。

過不足なく

　さて，ここまで「言葉を削っ」て，発問をスッキリさせてきました。でも，とにかく「削れ」ばいいというものでもない，というのがややこしいところです。過ぎたるはなお及ばざるがごとし，ですね。

　例えば，【発問1】です。ここに「最初に」という語が入っていますが，この語は削らない方がいい。なぜなら，教材本文には，ウイルソンによる実験が二つ書かれているからです。「最初に」という語があることで，二つの実験のうち，一つ目の実験を読み取るんだよ，ということがわかります。

　私が思うに，向山先生は，一般的に教師のことばが多くなりがちなので，その風潮を諫めるために，あえて印象的で極端な「言葉を削れ」というスローガンを出したのだと思います。このスローガンを，「とにかく言葉を削り，短ければ短いほどいい」と捉えると，それは向山先生の意図から離れてしまうでしょう。

　要は，「発問が，スッキリ一つの意味で伝わるよう，過不足ない情報量で発問すべきだ」ということです。そして，特に教師は「不足」ではなく「過」の方で問題があることが多いので，自分の発問が「過」になっていないか，発問の表現を見直すと良いでしょう。

「先生，"山場"って何ですか……？」
（子どもからの質問）

☑ こんな発問，していませんか？

目標	大造じいさんの心情変化を読み取り，本文の山場を見つける。
ここまでの展開	本文全体の大造じいさんの心情の変化を宿題として課し，それを踏まえて授業を始めるところ。

> みんな，「大造じいさんの心情」を整理する宿題はやってきたね。それをもとに，大造じいさんの心情が一番大きく変化した場面がどこかを考えてみよう。どんどん発言していってね。

私は，第一場面だと思います。「たかが鳥」と言っていたけど，えさだけ取られて，「たいしたちえをもっている」と見直した。

ぼくは第三場面かな。残雪をしとめようとしたけど，仲間を助ける残雪を見て，じゅうをおろして結局撃たなかった。

> なるほど。大造じいさんの心情が一番大きく変わったところとして，二つ意見が出てきたね。第一場面と，第三場面。**この物語の山場は，第一場面と第三場面，どちらだと思う？**

……。（困惑した様子）

> ん？ どうかした？

……**先生，"山場"って何ですか……？**

> あ，山場っていうのは，登場人物に最も大きな変化があるところだよ。

☑ ここがNG！

　３－２と３－３では，発問をスッキリと理解させられていない事例を見てきました。今回も同じく，発問をスッキリと理解させられていない事例です。この事例では，教師が発問した後，子どもたちが困惑した様子になっています。発問を，スッキリと理解できていないわけですね。

　子どもたちが困惑している理由は，子どもから出された「先生，"山場"って何ですか……？」という質問によってわかります。子どもたちは，教師が発した「山場」という語句の意味がよくわかっていなかったのです。それで，発問の直後に困惑していたわけです。

　この発問のNGポイントはここです。すなわち，**発問の前提となることが子どもたちに共有されていない**，という点です。

　発問の前提としてまず考えるべきは，発問中の語句の意味です。今回で言うと，「山場」の意味ですね。「山場」とは何かわかっていなければ，この発問を理解することはできません。「山場」という語句を知っていることが，発問の前提です。

　また，発問の前提は，単なる語句の意味に留まりません。発問の前に考えておくべき内容を押さえられているかどうかも大事です。例えば今回の発問は，子どもたちが各場面の大造じいさんの心情変化をきちんと理解していることも前提となっています。そもそも第一場面でどんな変化があり，第三場面でどんな変化があったかがわかっていなければ，「山場は，第一場面と第三場面，どちら」なのかの判断はつきませんよね。

　この授業では，各場面の大造じいさんの心情変化を宿題でやらせていますが，その宿題の全体の共有がなされていません。そのため，もしかしたら子どもたちの中には，第一場面・第三場面の心情変化を的確に読み取れていない子がいたかもしれません。その子たちは，この発問の前提が共有されていないがために，この発問を理解することが困難でしょう。

☑ OK 発問にするには，こう変える！

　発問の際には，その発問を考えるための前提が共有されているかを確認しましょう。そのことが，発問をスッキリ理解させることにつながります。

　発問の前提とは，前のページで述べたように，発問で用いられる語句の意味の共有と，発問の前に考えておくべき内容の共有です。以下，この二つの観点から今回の事例の発問を改善しましょう。

語句の意味の共有

　まずは，**学習用語**という概念を理解しましょう。学習用語とは，国語科授業で子どもが獲得・使用する専門用語のことです。近年，国語の教科書でも，「学習に用いる言葉」「学ぶときに使う言葉」などのコーナーにまとめられるようになりました。そして，先人たちの努力によって学習用語の精選がなされています（例えば，大熊徹・片山守道・工藤哲夫編著『小学校 子どもが生きる国語科学習用語 授業実践と用語解説』東洋館出版，2013年）。

　授業を見せていただくと，学習用語とは言えない語句が発問の表現に使われることがあります。例えば，「この文章の構造と構成は何かな？」などです。「構造」と「構成」の違いなんて，研究者間でも定義に相違があるような難しい語句で，子どもたちが「構造と構成」を区別できるとは思えません。

　大人である教師がこれらの語句を用いるのは問題ないですが，発問として子どもの前に示すのは適切とは言えないでしょう。**発問で用いる語句が学習用語として適切かどうか，判断する**必要があるのです。

　では，今回の事例で考えてみましょう。気になるのは，子どもから質問も出ていた「山場」という語句です。この語句は学習用語でしょうか。

　「山場」という語句は，現行（平成31年検定）の小学校国語科教科書を見ると，四社全ての教科書で学習用語として挙げられています。これは，学習用語だと言えそうです。だとすれば，この語句を発問中に用いることに問題はありません。むしろ，国語科授業の中で積極的に用いて，子どもたちが使

いこなせるようにしていくことが目指されます。

　ただ，今回のNG発問のようにならないためには，発問の前段階で，「山場」という語句を子どもたちに理解させておく必要はあるでしょう。発問の前段階で，「山場」の意味を全体で共有し，その上で発問するのです。

　まとめます。まず，発問で用いる語句に学習用語として適切でないものが混ざっていないかを判断します。その後，発問中にまだ共有されていない学習用語があれば，それを先に押さえてから発問するのです。

発問の前に考えておくべき内容の共有

　次は，発問の前に考えておくべき内容の共有です。今回の発問で言うと，各場面における大造じいさんの心情変化でしたね。

　今回の授業では，各場面の大造じいさんの心情変化が押さえられていませんでした。発問の前に考えておくべき内容である大造じいさんの心情変化を共有する時間が設けられていないのです。

　例えば，宿題を確認する場面で，「じゃあ，場面ごとに大造じいさんの変化をまとめよう」という活動を設定し，次のような枠組みに整理させるのはどうでしょうか。この活動を先にしておけば，発問の前提となる内容が共有されますので，発問が理解されやすくなります。

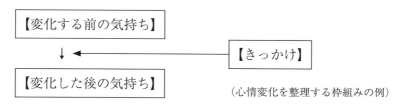

（心情変化を整理する枠組みの例）

　以上，発問の前提を子どもたちと共有することの重要性を確認しました。

　3－2・3－3で確認したように，発問を一つの文として捉え，その表現に注意を払うことも大切です。一方，今回扱ったように，発問の前段階で，発問の前提となる語句の意味や内容をきちんと押さえておくことも，発問をスッキリ理解させるために重要なのです。

「つまりみんなに 考えてほしいのはね」

☑ こんな発問，していますか？

> **目 標** がまくんのセリフを，工夫しながら音読する。
>
> **ここまでの展開** かえるくんが書いた手紙の内容を把握したところ。

> かえるくんは，がまくんのことを「親友」って言ったんだね。

> > がまくんが手紙をもらえないから，出してあげて優しい。
> >
> >

> > がまくんも，「とてもいいお手紙だ」って言ってるよ。

> > がまくんは喜んでいるんだと思います。

そうだね。じゃあさ，**「ああ。」「とてもいいお手紙だ。」っていうがまくんのセリフ，どうやって音読すればいいかな？**

> > うーん……。

もう一回言うよ。「ああ。」「とてもいいお手紙だ。」っていうがまくんのセリフがあるよね。**ここをどうやって音読すればいいかな？**

> > ……。

つまりみんなに考えてほしいのはね，みんなががまくんだったとして，**このセリフを自分だったらどう読みたいか**っていうこと。音読って，その人になりきって読むことが大事だよね。がまくんになりきって，このセリフを読んでみてほしいんだ。

☑ ここがNG！

この事例では，発問をした後，教師が発問を繰り返したり，言い換えたり，補足したりしています。きっとこの教師は，子どもたちがより発問を正確に理解できるようにという親切心から，ことばを重ねたのだと思います。

ただ，発問の後に，**反復・言い換え・補足で教師がさらにことばを重ねるのはNG**です。

まずは発問の反復です。教師が発問を繰り返すというのは，子どもたちの聞く態度を育てる点から望ましくありません。教師が発問を反復すると，子どもたちは「一度で発問を聞き取らなくていいや」と思うようになっていきます。だって，発問を聞き流してもどうせまた教師が反復してくれるわけですから。これでは，一度で聞き取ろうとする態度が育ちません。

次に，発問の言い換え・補足についてです。発問を言い換えたり補足したりすると，発問の意味が微妙にずれていきます。そのずれが，子どもたちを混乱させていくのです。

この事例でも，「どうやって読めばいいか」という問いが，「自分だったらどう読みたいか」と言い換えられています。前者が，どう読むべきかという，本文の読み取りに基づく読み方を問う発問なのに対して，後者は自分がどう読みたいかという，自分なりの願望を問う発問になっています。言い換えによって，意味が微妙にずれてしまっているわけです。

さらに言えば，反復だろうと言い換え・補足だろうと，発問直後に教師が重ねて何かしゃべるということは，子どもたちの思考の妨げにもなります。この事例で，発問直後に子どもたちは「うーん……」と言っていますが，もしかしたらそれは，発問がわからなかったのではなく，思考を始めているのかもしれません（あくまでも"かもしれない"ですが）。子どもたちがじっくり考えたいのに教師が何かしゃべり続けているのは問題です。

教師が親切心で行うことが逆効果となり，子どもを混乱させたり邪魔したりする。不幸なことです。まさに，「言葉を削れ」ですね（3-3参照）。

☑ OK発問にするには，こう変える！

反復・言い換え・補足をしない

発問を一度投げかければ，それで発問は終わりです。もう一度言わないし，別の表現で言い換えない。補足説明もしない。たとえその発問が子どもたちにうまく理解されていなかったとしても，その後にことばを重ねることは，子どもたちを混乱させたり邪魔したりするという，さらなる悪影響を生んでしまいます。

私も，大学の講義で学生に発問を投げかけることがあります。投げかけた直後，学生たちにうまく伝わらなかったら，その時点で「あ，発問は失敗だった」と判断します。その場では，やむを得ず反復・言い換え・補足をするのですが，そのときは「きっと悪影響を及ぼしているだろうな」という覚悟・諦めの上でやっています。

可能な限り，発問は一度口に出したら，その反復・言い換え・補足はしない。発問は，最初に口にする瞬間が勝負なのです。

反復・言い換え・補足の代わりに，指示を

発問の反復・言い換え・補足をしないとすれば，発問した後，では教師は何をすればいいのか，と疑問に思われるかもしれません。

発問を投げかけた後は，じっくり考えさせる時間をとるか（4－6参照），もしくは，具体的な指示をするのも効果的です。発問と指示は，必ずワンセットで，と言っている先生もおられるぐらいです。

今回の事例で言うと，「このセリフをどうやって音読すればいいかな？」と発問した後，「読んでくれる人，手を挙げて」とか，「まずは自分で，その場で音読してみよう」とか，具体的に何をするか，指示してあげるのです。

このように，発問と指示をセットにすることには，子どもたちの理解度の面から大きな効果が期待できます。発問された後，何もせず頭だけで思考するのが難しい子たちもいます。その子たちも，何をすれば良いか，具体的な

指示がなされれば，授業についてきやすくなるわけです。

　もちろん，発問の直後にする指示を反復・言い換え・補足するのも NG ですからね。

結局大切なのは，発問の意味をスッキリとさせること

　さて，もうお気づきの方もおられると思いますが，**発問の反復・言い換え・補足をしないということは，発問の意味をスッキリさせるということと密接に関係**しています。発問の意味が一つに決まり，一度でスッキリと子どもたちに伝われば，わざわざ教師が発問を反復・言い換え・補足する必要はないですからね。

　３－２～３－５で，発問の意味をスッキリさせることを説明してきました。これらは，全て関連しているわけです。３－２～３－５の説明をまとめて図にしておきます。ここまでの内容を整理するために使ってください。

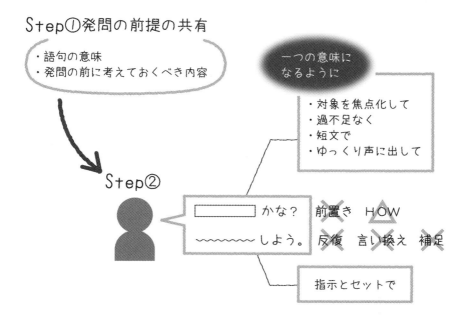

6年「イースター島にはなぜ森林がないのか」
（東書）

「筆者はどのように論を進めているかな？」→まとめ「図にすれば，論の進め方を読み取りやすくなる！」

☑ こんな発問，していませんか？

目　標	筆者の論の進め方を捉えるとともに，論の図式化の有効性に気づく。
ここまでの展開	本文全体をはじめ・なか・おわりに分け，なか（イースター島の森林が失われた要因）を整理しようとするところ。

「なか」にはイースター島に森林がない原因が書かれているようだね。

筆者が一番言いたいことだと思います。

タイトルにもなってるし。

そうだね。この「なか」を，筆者は大切にしてそうだね。じゃあ，この「なか」の部分で**筆者はどのように論を進めているかな？**　今日はそれを読み取ってみよう。

はーい。

（……図式化して論の進め方を整理する活動をする……）

図にしたら，筆者の論の進め方がよくわかった！

そうだね。これからも，筆者の論の進め方を読み取るときは，図にすると良さそうだね。じゃあ，今日のまとめを黒板に書くよ。

【まとめ】図にすれば，論の進め方を読み取りやすくなる！

✓ ここが NG !

　今回は，教師がいざ発問を口に出す場面だけでなく，その発問が子どもたちによって解決される，授業のまとめの部分もあわせて見てみましょう。

　今回の事例では，筆者の論の進め方を図式化させています。発問も授業のまとめも，どちらも論の進め方に関するものです。「別に問題ないのでは？」と思うかもしれません。

　この事例が NG なのは，**発問とその答えとなる授業のまとめとが，表現として対応していない**ということです。

　言うまでもなく，"問い"というのは答えとセットです。例えば，「今朝何を食べた？」と問われたら，「カレーを食べた」のように答えますよね。「～を食べた」という話型が，この"問い"の答えになります。

　もしも，「今朝何を食べた？」と問われて「カレーは体にいいよ」と答える人がいたら，どうでしょうか。（今朝食べたのはカレーかな？　という推論は成り立つものの）答えになっていない，と感じるでしょう。しかも，全くずれているわけではなく，微妙に答えがずれていると感じると思います。

　この事例では，まさにその微妙なずれが起きています。

　この授業の発問は，「筆者はどのように論を進めているかな？」です。だとすれば，この問いの答えは，「筆者は～のように論を進めている」や「筆者の進め方は～である」という話型になるはずです。

　しかし，この発問の答えとなる授業のまとめでは，「図にすれば，論の進め方が読み取りやすくなる！」となっています。「こう読めばいいよ」という，今後の読み方のコツを示すまとめになっているのです。このまとめでは，発問の答えになっていません。表現が対応していないのです。

　発問とその答えは，セットとして子どもたちの中に残ります。「今日は～について考えて，その結果～がわかったぞ」という感じですね。だからこそ，発問とその答えは表現として対応させておく必要があるのです。

✓ OK発問にするには，こう変える！

まず，次の2パターンを分けましょう。

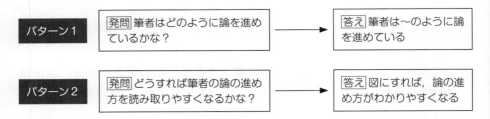

【パターン1】は，筆者の論の進め方を問い，読み取った論のまとめ方を答え（まとめ）とするものです。一方【パターン2】は，論の進め方を読み取る方法を問い，「図式化するとわかりやすい」という気づきを答え（まとめ）とするものです。どちらのパターンも，発問と答えが対応しています。

このようにまとめるとおわかりですね。今回の事例は，【パターン1】の発問をしたにもかかわらず，【パターン2】の答えをまとめにしてしまっている例なのです。ここに発問と答えの非対応があったわけです。

というわけで，今回の発問を OK 発問にするとすれば，**【パターン1】【パターン2】のどちらかにすればいい**ということになります。

ただし，二つのパターンで授業のゴールが少し変わります。【パターン1】では，筆者の論の進め方を押さえること，つまり読み取り自体がゴールです。一方【パターン2】では，論の進め方の読み取り方に気づくこと，つまり読むコツの獲得がゴールとなります。

今回の事例の目標では，そのどちらも入っているようですが，どちらのパターンを取るかで，授業の力点が変わってきますね。このように，発問―答えの対応を考えると同時に，授業の目標との対応も検討することを忘れないようにしましょう。

さて，これで今回の発問は OK 発問となりました。二点補足をします。

発問の答えは，できるだけ明示して

　発問の答えは，その授業の成果です。それが明示されないと，その授業で何を学んだのかが子どもたちはよくわかりません。ですから，学びの実感を持たせるためにも，発問の答えは授業内で明示する方が望ましいです。

　答えが明確に出ない発問でも同じです（1－5参照）。たとえ答えが明確に出ない発問でも，何がわかって，何がわからないまま残ったのかを明示してあげましょう。

　ただ，常に発問の答えを<ruby>こ<rt>﹅</rt></ruby><ruby>と<rt>﹅</rt></ruby><ruby>ば<rt>﹅</rt></ruby>で示した方が良いわけではありません。例えば，先に示した【パターン1】の答え。実はこれ，あまりよくない示し方です。せっかく論を図にしたのですから，その図自体を発問の答え（＝これが筆者の論の進め方だ！　というまとめ）として示せば良いですよね。わざわざこんな文の形で発問の答えを示す必要はないわけです。

発問自体を明示するかは，立場が分かれる

　答えは明示するとして，では，発問の方はどうでしょうか。教師が発する発問は，板書に貼り出すなど，子どもたち全員が参照できる形で示す方が良いのでしょうか。

　多くの場合は，発問も目に見える形で示すことが推奨されています。発問を聞き逃した子も，理解できなかった子も，逐一確認できますから。

　しかし，野口芳宏先生は，黒板に張り出された発問を見て，「ときどき見直さないとわからなくなるような，粗雑な発問なのですね」と皮肉を言うそうです（野口芳宏『野口流 教師のための発問の作法』学陽書房，2011年，p.33）。野口先生は，発問とは，前に張り出さずとも，子どもたちが耳で聞いてスッキリ理解できるものであるべきだ，と考えているわけですね。

　このように，発問を目に見える形で示すことの是非は立場が分かれます。そのため，ここで「こちらが望ましい」と提案することはできません。ぜひ，先生ご自身が両方試してみて，どちらが効果的かを検証してみてください。

7

1年「どうぶつの赤ちゃん」
（光村）

「書きながら聞いてね」

☑ こんな発問，していませんか？

目　標	本文を読み，初めて知ったところを伝え合う。
ここまでの展開	ライオン，しまうまのそれぞれの「生まれたときのようす」を整理し，まとめているところ。

ライオンとしまうまが，生まれたときにどんな様子だったかがわかってきたね。今から先生が黒板に書くよ。みんなもノートに書いてね。

は一い。

（……表の形で整理していく……）

……よし，だいたいノートに書けたみたいだね。**まだノートを書いている人は，書きながら聞いてね。ライオンとしまうまについて，みんながはじめて知ったよということは何かな？** 手を挙げて教えてね。

わたしは，ライオンが子ねこぐらいの大きさしかないっていうのをはじめて知りました。

なるほどね。〜さんはどうですか。

ぼくは，しまうまがやぎぐらいの大きさがあるということを知れたので，よかったです。

✅ ここが NG！

　ここでは，発問のタイミングを問題にしましょう。「書きながら聞いてね」ということばからもわかるように，この事例で教師は，まだノートに書き終わっていない子がいることを把握しつつも，発問に踏み切っています。

　この事例が NG なのは，**子どもたちの作業の途中で発問している**点です。

　子どもたちの作業の途中で発問すると，発問を聞いていない子が出てきてしまいます。大人でも，何かをしながら同時進行で別のことをするのは難しいと感じます。ましてや，この事例のように低学年の子たちにはほぼ不可能です。"できる"子たち以外は，「書きながら聞」くのは至難の業ですし，そもそも1年生段階では，先生の板書をノートに写すだけで重労働です。

　この事例のような発問をする教師は，むしろ親切心を持っています。「焦らなくていいよ。自分のペースでね」という優しさから，子どもの作業を中断することなく発問しているわけです。しかし，その優しさは却って子どもを置き去りにします。全員が作業を終えるまで，そもそも発問をすべきではないのです。

✅ OK 発問にするには，こう変える！

　発問は子どもたち全員に理解させましょう。そのためにも，子どもたちの**発問を聞く体勢が整っていないときは，まずその立て直しを優先**しましょう。

　もし子どもたちが何らかの作業をしているならば，全員がその作業を終えるまで待ちます。今回の事例で言えば，全員が板書をノートに写し終えるのを確認してから，発問します。

　もし子どもたちが集中しておらず，先生の話を聞いていない状況ならば，注意を引きつけた上で発問しましょう。注意を引きつける手法はたくさんありますが，例えば「今から難しいことを聞くよ。果たしてみんなにできるかな……」というように，挑発的な前置きをしてみるのも良いかもしれません。

8

「～さんに聞いてみよう。お客はどうして『手をたたいた』のかな？」

☑ こんな発問，していませんか？

目　標	最後の場面の，じんざ以外の登場人物の心情を読む。
ここまでの展開	じんざが帰ってこなかった理由を理解した上で，最後の場面を読もうとするところ。

文章の中でははっきり書いてないけれど，じんざは火事で命を失ってしまったんだろうね……。さて，じんざがいなくなった「次の日」の曲芸を見てみよう。

じんざはいないけど，火の輪が準備されて，曲芸が行われている。

お客さんも拍手している。

そうだね。さあ，**ユキさんに聞いてみよう**。ユキさん。

ユキ：はい。

じんざはいないのに，お客さんは拍手をしているよね。何の曲芸も見られていないのに，拍手をしている……。**お客はどうして「手をたたいた」のかな？**

ユキ：んーと……。

いいよ。ゆっくり考えてね。

☑ ここがNG！

この事例がNGなのは，**特定の子どもだけに発問している**点です。

授業内での発問は，子どもたち全員に対してなされるべきものです（3 − 7参照）。今回のように，「ユキさん」と呼びかけた後に発問してしまうと，ユキさんは考えますが，他の子たちはどうでしょうか。「先生はユキさんに聞いたんだから，自分は関係ない」と考える子が出てきてしまうかもしれません。

発問されたユキさんは，「んーと……」と考えている様子です。教師は，「ゆっくり考えてね」と優しいことばをかけていますね。しかし，ユキさんが「ゆっくり考えて」いる間，他の子たちは何も考えていないかもしれません。でも，もし何も考えていない子がいても，教師はその子を責めることはできません。なぜなら，教師はユキさんに発問し，思考することを要求したのですから。

ユキさん以外の子たちが何も考えずとも許される環境を，この発問が作ってしまっているわけです。

☑ OK発問にするには，こう変える！

発問は，**まず全員に向かって投げかける**ようにしましょう。子どもたち一人一人に考えを聞くのは，その後です。

今回の事例でも，ユキさんだけでなく，他の子たちも含めた全員にも発問を投げかければOK発問になります。すなわち，最初に「お客はどうして『手をたたいた』のかな？」と全員に向かって問いかけます。その後，「じゃあ，ユキさんに聞いてみよう」と，ユキさんの考えを聞き出すのです。

大事なことなので何度でも確認します。発問は，子どもたち全員に対してなされるべきものです。発問がクラスの一部の子にしか伝わっていない状況になっていないか，常に意識を持つようにしましょう。

9

4年「ごんぎつね」
（学図／教出／東書／光村）

「ごんは幸せかな？
それとも不幸せかな？」

☑ こんな発問，していませんか？

目　標	この話の終わり方について，他者と交流しつつ自分の考えを持つ。
ここまでの展開	本文の読み取りが終わり，この話のクライマックスを問題にするところ。

> ごん，かわいそう……。

> でも，「おまえだったのか」って兵十に気づいてもらえましたよね。だから，ぼくはごんは嬉しかったと思います。

> なるほど……。みんな，最後の場面にいろいろな考えを持っているみたいだね。ごんは撃たれちゃったけど，**ごんは幸せかな？　それとも不幸せかな？**　まずは，自分の考えをノートに書いてみよう。

（中略）

> よし，では考えを発表してね。

> 私は幸せだと思います。それは，「おまえだったのか」って兵十が言って，ごんがうなずいているから，二人がわかり合えたと思うからです。

> いや，わかり合えただけなら，幸せじゃないよ。

> ぼくは，わかり合えただけで幸せって言えると思うなあ。

> 意見が対立しているみたいだね。そもそも，みんなが言う「幸せ」って何かを先に考えた方がいいかもしれない。**「幸せ」って何だと思う？**

☑ 実は……NGではありません！

NGではない理由

　二項対立の発問です。そして，「ごんぎつね」を扱った授業における定番とも言える発問ですね。

　二項対立の発問については，思考を限定しすぎてしまうという批判があります。確かに，「ごんは幸せかな？　それとも不幸せかな？」と問うと，「どちらでもない」や「両方だった」など，「幸せだ」「不幸せだ」以外の選択肢が出づらくなるように感じますね。

　しかし，**二項対立だというだけで，その発問をNGとすることはできません**。

　もちろん，子どもたちの思考が限定され，広がらないまま授業が終わってしまうことはよくないことです。しかし，もしそんな授業があったとすれば，それは二項対立の発問のせいではない。それは，発問をした後の授業展開の問題です。

　あらゆる"問い"について言えることですが，ある"問い"を考えていると，新たな"問い"が生まれてきます。そして，その"問い"を考えていると別の"問い"が生まれる。このように，"問い"は考える過程で他の"問い"を呼び寄せ，広がっていくものです。

　今回の事例で見てみましょう。「ごんは幸せかな？　それとも不幸せかな？」と問うた後，子どもたちは意見を対立させています。そこで教師は，「『幸せ』って何かを先に考えた方がいい」と伝え，そもそも「『幸せ』って何」か，という新たな発問をしています。つまり，発問を考えていく過程で，「幸せ」「不幸せ」という基準の主観性・曖昧さが問題となり，新たな"問い"が出てきたわけです。

　大事なことは，この事例の交流で教師がそれをきちんとコントロールできている，ということです。増えていく"問い"を整理しつつ，子どもたちの交流を進める司会的な役割を果たしているわけです。

二項対立の発問をし，たとえ子どもたちの思考が限定された状態で交流が始まったとしても，その発問を考えるプロセスで"問い"は増え，広がる。「それを言うならこっちも考えなきゃね」とか，「そもそもそれって何？」とかいう感じです。

教師がそれらの"問い"をうまくさばくことができるならば，十分に授業は成立します。子どもたちの思考も，狭いところに限定されたものではなくなります。

というわけで，二項対立の発問そのものは NG とは言えません。**二項対立の発問が子どもの思考を限定してしまうかどうかは，その後の授業展開次第なのです。**

ここに気をつける！

●答えは複雑になるが，明示する

二項対立の発問をしたら，往々にして"問い"は広がり，結果的に答えは複雑なものになります。例えば今回の事例で言えば，単純に「ごんは幸せだ」「不幸せだ」が答えにはならないでしょう。「～という観点から見れば幸せだと言えるが，～という観点では幸せとは言えない。このとき，"幸せ"とは～という意味である」というような，ややこしい答えになるわけです。

複雑にはなってしまいますが，それが二項対立の発問の答えなのです。教師の側で，勝手に答えを単純化してはいけません。

発問と答えは対応させ，かつ答えを明示してあげる必要があります（3－6参照）。子どもたちがその授業でたどり着いた答えがわかるよう，授業の中でその複雑な答えを明示してあげるようにしましょう。

●「AかBにせねばならない」という思い込みをほぐす

子どもたちの思い込みにも注意しましょう。

「AかBか」という発問をすると，「答えを，AかBかのどちらか一つにしなければならない」と暗に思い込む子がいます。ある意味，素直な子たち

です。先生が「AかBか」と選択肢を出したわけですから、その選択肢の中から答えを選ばねばならない（＝それ以外の答えは、先生の発問の答えとはならない）と考えているのです。

　でも、現実的に考えると、それはおかしな考え方です。

　例えば、太郎が友達の花子に「ねえ、今度転校する〜さんへのプレゼント、花束がいいかな、それとも筆記用意がいいかな？」と尋ねたとします。花子は、即座に「お金をかけるより、みんなで手紙を書いてプレゼントしようよ」と答えました。

　何の違和感もない事例です。が、もしここで花子が、「わかった、花束か筆記用具か、どちらか一つにしなければいけないんだね。うーん……」と迷い始めたとしたら、変な子だなと思いますね。多分花子は、そんな変な思考はしません。

　日常的には、「AかBか」と聞かれて、「両方」と答えたり「どちらでもない」と答えたり、はたまたCやDといった別の解が出ることはよくあります。「答えを、AかBかのどちらか一つにしなければいけない」という思考は、とても不自然です。

　でも、授業中に教師が二項対立の発問をすれば、この不自然な思考をする子が出てくる。おそらくそれは、教師という権威性が関わっているように思います。答えを知っている教師が出した“問い”（＝発問）で示された選択肢なのだから、そのどちらかしかないのだろう、と思い込んでしまうのです。

　この権威性は、教師が発問をする以上不可避のものです。だからこそ、授業の中で、このような日常的には不自然な思考をする子がいたら、教師の側からその思考をほぐしてあげてください。「AかBか」と発問し、複雑な答えを明示してあげる。そして、そこで「答えがAにもBにもなってないから、変だよ」という子がいたら、その考え方こそ変だと教えてあげるのです。

私たちが理想とする国語の授業

幸坂：発問をどうするかっていうハウツーから，ぼくたち自身の理想とする授業像が透けて見えるっていう話が出ました。ぼくたちが考える理想の授業がどんなものかも，語っておきますか。

宮本：はいはい。

幸坂：具体的な授業像で考えてみましょう。宮本先生は，これまで見てきた小学校の国語の発問で，「これいいな」と思った発問ってありますか？　記憶に残る名発問。

宮本：えーとね，「お手紙」の授業で，「なぜ二人は，ずーっと待ってたんだろう？」っていう発問をした授業があったんだけど，その発問はいいなと思った。その授業の中で先生が「実はね，私はがまくんとかえるくんが二人で待ち続けたのがすごい不思議だったんだ」って言ったの。そしたら子どもたちは，「ええっ!?」ってなったんだよね。

幸坂：「そんなところ，気にもしてなかったけど!?」って感じですね。

宮本：うん。それで，先生が「だって，手紙の内容を知ってるんだから，四日間も待つ必要ないじゃ

ん」って。そしたら，子どもたちも「あー確か
に」ってなって，いろいろ考え始めたんだよね。
その中で子どもたちは，「やっぱり，二人でそ
こで待ってなきゃいけないんだ」「隣にがまくんがいること，隣にか
えるくんがいること。それがお互いにとっていいことなんだ」って話
していったの。手紙はエピソードでしかなくて，とにかく何かを二人
で共有できてるってこと，二人でただ存在しているということの幸せ
がそこに表れてるんだって子どもが語り合っていったんだよね。その
授業を見たとき，ああ，この授業は，「お手紙」という教材で何が考
えられるか，"この教材ならでは"の部分をしっかり考えられてるな，
と思った。

幸坂：今挙げてくださった「お手紙」の授業で先生がいいなと思ったポイン
　　　トは，発問をした後の，子どもたちの「ええっ!?」ですね。長年お付
　　　き合いがあるので，なんとなくわかります（笑）。

宮本：そうそう，よくわかったね（笑）。発問したときの「ええっ!?」は，
　　　発問をする上で重要なポイントだと思う。

幸坂：ただ単に，「がまくんの心情は？」みたいに発問されるときとは異な
　　　る，あの感覚ですよね。なんと言えばいいか……。

宮本：あの感覚ね。学習者たちをゆさぶるというか，自分ごと感を持たせるというか，なんて表現すればいいんだろうね。

幸坂：真っ暗な洞窟に入る直前というか。明るくて平坦な道を歩いているときに，突然ポカっと洞窟が現れるような感覚ですよね。

宮本：朝倉先生[※1]が言ってたような，"闇"ってことなのかもしれないね。「面白い」っていうことばは，「面」が「白い」と書く。つまり，人の顔（「面」）が「白」くなることを指す。つまり，真っ暗な"闇"の中に放り込まれた人に，一筋の光が照らされて，その人の顔に光が当たって白くなる。その光が差し込むことを，「面白い」って言うんだっていう。まあ，「面白い」という漢字に関する俗説ではあるけど。

幸坂：俗説ではありますけど，授業を考える上ではとても示唆深い表現ですよね。授業が「面白い」ためには，まずは子どもたちに"闇"を見せないといけない。その"闇"の中で彼らに光が当たって「なるほど，そういうことか！」というヘウレーカが訪れたとき，子どもたちは「面白い」と感じる。

宮本：うんうん。もちろん，朝倉先生が言っているのは，社会の闇とか政治の闇とかいう意味の闇じゃなく，「わからない」とか「ええっ!?」っていう，子どもたちの驚きとか戸惑いのうち，自分自身の解釈とか，

ひいては価値観みたいなものまで揺らぐような，のっぴきならない次元のものを指してるわけだけどね。

幸坂：そうですね。この「面白い」の説，教育実習のときに宮本先生から教えていただいて，まだ記憶に残ってますもん。それ以来，ぼく，発問を考えようとするときは，いかに学習者たちの"闇"を作るかをまず考えます。

宮本：自分もそうだな。発問，特に授業のメインとなる発問は，子どもたちを"闇"に連れて行く機能を持たせようとする。子どもたちが「わかる」ことは授業の目的として極めて大事なわけだけど，その前提として，「わからない」とか「ええっ!?」という"闇"がないと，「面白い」とはならない。「面白い」ためには，まずは"闇"が必要だということだね。

幸坂："闇"を子どもたちに見せるためには，教師がまずは"闇"を知っていないといけないですよね。真っ暗な洞窟の下見が必要だということ。自分自身が"闇"の中に入って，「よし，ここなら子どもたちを連れてこられそうだ」と判断してから，子どもたちを引率する。その洞窟の下見と引率計画が，教師による教材研究と発問ってわけですよね。

宮本："闇"を見せる発問をしない教師は，「わかる授業」をしたいという

授業観を持っているのかもしれない。"闇"を見せるということは，一時的にでも子どもたちを「わからない」状態に連れていってしまうことだから。でも，「わかる」っていうのをどういうことかって考えたら，子どもが"闇"を経ることは不可欠だよね。みんなで"闇"の中に入って，あれこれ考えていった後に光が差して「わかった！」，そして「面白い」ってなる。

幸坂：キーワードは「面白い」ですね。ぼくたちが考える発問は，いつもこの理想像を基盤として考えられている。この考え方に共感し，そのような発問を目指してくださる先生方が増えると嬉しいですね。

※1　広島大学附属中・高等学校に国語科教諭として勤めておられた朝倉孝之先生のこと。宮本の教育実習のときの指導教員が朝倉先生。また，宮本も幸坂も，朝倉先生と同じ広島大学附属中・高等学校に勤めていたため，かつての同僚でもある。

4

どう
答えを
受け止めるか

1

3年「サーカスのライオン」
（東書）

「他には？」

☑ こんな発問，していませんか？

目標	登場人物の気持ちの変化を場面の移り変わりと結び付けて読み取る。

ここまでの展開　じんざと男の子との交流を捉えた後，じんざが元気を取り戻していく様子を読み取った後，火の中に男の子を助けに行った場面。

「もう，さっきまでのすすけた色ではなかった。」とあるけど，どうなったんだろうか？

ぴかぴかにかがやいていた。

金色に光るライオンだった。

なぜ「ぴかぴかにかがやいていた」んだろうか？

火の中に入っていったから。

火に包まれたから。

誰も入れないような火事の中に入っていったから，かっこいいから。

他には？ じんざはもともと何色なの？

すすけた茶色？

違うよ。最初の方に，「アフリカ」の「草原の中」では「風のように走っていた」と書いてあるから，すすけた茶色ではないよ。

他には？ じんざはもともと「サーカスのライオン」？

108

☑ ここがNG！

　教師が，「他には」という場面，あるいは何度も同じ発問を繰り返す場面は，よく見られます。教師の思う通りの答えを引き出したい，そういう願いのもとに繰り返される教授行為なのでしょう。

　しかし，問題は，子どもたちの受け止めです。とりわけ，発問に対して答えてくれた子どもは，教師からの「他には？」という発問を聞き，どう考えるでしょうか。きっと，「間違ったかな」「先生の思ったことと違ったんだ」と思うことになることは想像できますよね。さらに，「間違った，恥ずかしい」「正解をちゃんと探さなきゃ」などと思わせてしまっている可能性だってありますよね。

　教師の「他には？」という発問は，こちらが考える以上に，さまざまな問題を抱えています。子どもたちの発言は，授業の中で位置づけられないですよね。また，「他には？」の繰り返しによって，授業の中で形成されることになる子どもたちの学びの姿に思いを致すことも必要です。「他には？」の繰り返しは，「先生の求める答えを探そうとする」ことが授業であるという認識を，子どもたちに植え付けることになる，教師としては構想していないけど，結果として学ばれていく学びの姿勢になると考えることができます。「教師の問いかけに応じていく」「先生の求める答えを探していく」姿勢を形成していくことが，授業の目的ではありませんし，教師としても，そういうことを願って授業をしているわけではありませんよね。

　しかし，「他には？」の繰り返しや，なかなか教師が考えた回答がなされない状況の中で「同じ発問を繰り返す」ことが，子どもたちの学びの姿勢にいかなる影響を与えることになるのかは考えなければならないのです。

　近年，学校が目指す子ども像の明確化とその育成を目指して，さまざまな試みが展開され，報告されています。「自ら考える子ども」「論理的に考える子ども」の育成を目指す学校も多いでしょうし，教師としての個人的な願いとそういう子どもに育ってほしいという保護者の方の思いもあるはずです。

「他には？」の繰り返しが，どういう子どもを育てることになるのか，**教師として意図していない学びが繰り返されている現実を見つめ直さなければならない**のです。

✓ OK 発問にするには，こう変える！

　教師として，想定した回答を得たいという思いは強くわかりますが，読むことの授業のあり方を見つめ直し，発問を構成するようにしましょう。読むことの授業は，根拠のやりとりを中心にしながら，読みや理解が深まることを目的としているはずです。こうした読むことの学習の目的，あるいはあり方を意識し，子どもたちが授業に参画すること，よりよく理解していく姿を描くことが教師には求められています。

　読むことの授業のあり方として「理解が深まる」ことを意識したとき，子どもたちが互いの読みや理解を吟味し合い，批評し合う展開を目指したいと思うはずです。もしそうなら，難しく考える必要はありませんね。単に**「確認する」「教える」**ことになるだけの発問を準備するよりも，子どもたち同士が**「吟味し合う」「批評し合う」**ことのできる問いかけを考えればいいのです。

　例えば，「いまの意見について，どう思うかな？」といった発問や，「そもそもサーカスに来る前は，「草原の中を，じんざは風のように走っていた」とあるみたいだね。草原で走っていたときも，やっぱりすすけた茶色だったのかな？」などと問い直すことは有効です。こうした発問を行うことによって，子どもたちは級友の発言をしっかりと受け止め，級友の発言内容を吟味し，批評・評価することができるようになるはずです。この手法は，子どもたちの反応が間違いのときも活用できます。間違いを間違いだと指摘できる教師は多くはないでしょう。だからこそ，子どもたちを誰かの発言に対する批評者にして，間違いであることを説明させていくことができるはずです。

T：そもそもサーカスに来る前は，「草原の中を，じんざは風のように走っていた。」とあるみたいだね。草原で走っていたときも，やっぱりすすけた茶色だったのかな？

C：サーカスに来てから「すすけた茶色」になったんだと思います。

C：一緒です。アフリカの草原では，自由だったし，自分で何もかもできていたのに，サーカスに来てからは自分の番のときしか活躍できなくて，活躍といっても本気でやっているわけでもないし，「もうだめだな」とか考えていたと思います。

T：いまの～さんの考えについて，どう思うかな？

　上のやりとりは，ある学校の実際の授業の様子です。こうした展開を期待したい教師は多くいるはずです。「他には？」と問わないことで，理解は深まっていますよね。

　子どもたち同士の吟味や批評・評価が行われるとき，子どもたちの中ではきっと「なぜそういう読みが形成されるのだろうか」という疑問が生起しているはずです。さらに，吟味や批評・評価の過程で，誰かの読みや理解の過程を「追体験」することになるはずです。この「追体験」の中で，その読みの成立の諸条件が明らかにされることになるでしょう。まさに，根拠のやりとりを通じて，より深く理解していく過程が子どもたちに組織されることになるのです。

　教師がさまざまな説明をしていくことも必要かもしれませんし，子どもたちの発言を位置づけていくことも大切ですが，「学校で学ぶ」ことの意味は，「みんなでわかっていく」経験をすることですよね。だとすれば，子どもたちを「教えられる」存在にするのではなく，授業の中でさまざまな立場に立たせることができるような発問を準備していきましょう。

2

4年「アップとルーズで伝える」
（光村）

「～ということかな？」

☑ こんな発問，していませんか？

目　標	アップとルーズの良い点と問題点の両方を書いた筆者の意図を考える。
ここまでの展開	アップとルーズについての例を確かめ，筆者の説明の具体を読み取ってきた後の展開で，それぞれで「伝えられる」ことだけではなく，「伝えられない」ことも示す筆者の意図を考える場面。

> アップとルーズを対比して比べているけど，悪い点を書く必要あるのかな？

いいことだけ書いていたら，どっちかでいいと思う人が出てくるかもしれないから，書かなきゃいけないと思います。

良い点しか書かなかったら，どっちも良いことしかないと思っちゃうかもしれないということかな？

うん……。

対比だけど，アップの良い点はルーズの悪い点じゃないですか。逆に，アップの悪い点はルーズの良い点になりますよね。だから，アップとルーズは対比だけど，両方ないとだめだから，両方あることが良いということを説明するには良い点も悪い点も書かないといけないと思います。

どちらかがどちらかの悪い点を補っているということかな？

両方ないと……。はい……。

☑ ここがNG！

　発問と応答のやりとりの中で展開される学習の中では，教師は，子どもた
ちが「こういうことを言ってくれないかな」という願いもあります。「〜と
いうことかな？」と問われるとき，教師としては子どもたちの言っているこ
とがわからないから，本当に確認したいという場合もあるかもしれませんね。
また，低学年の子どもたちであれば，説明する能力自体が十分に育っていな
いこともあり，特にそう思うこともあるでしょう。

　ただ，なぜ教師が発問するのかという原点に戻ると，教師がわかっている
けど，子どもたちが判然としない，あるいはわかっていないことを考えさせ
るためですよね（ことはじめ③参照）。教師は問い，子どもたちは考えます。
子どもたちは，今の自分の能力で考え抜いたことを言葉にして，応答します。
子どもたちが自分の考えたこと，言いたいことが十分に整理されたものでは
ないこともあるはずです。また，はっきりと理解した上で発言しているわけ
ではないことも考慮する必要がありますよね。

　さらに，「こういうことを言ってほしいな」という願いのもとに，子ども
たちの発言を部分的にうまく切り取り，授業の展開の中に子どもの意見を位
置づけようとする傾向もありますよね。これ自体，教師の善意であり，優し
さの表れと見ることもできますが，教師が言い換えようとしていることに対
して，子どもたち自身が「自分の意図とは違う」と判断したり，「そういう
ことを言いたいわけではないんだけど」と言えたりできたらいいのですが，
まずあり得ないですよね。

　**教師による言い換えは，子どもが言いたいことと異なる，教師による意図
的な解釈が介在する**ことです。「意図的な解釈が介在する」ことにより，授
業はうまく展開するでしょうが，教師が示した解釈やそこに至る過程は，子
どもたちに理解されているのでしょうか？　子どもたちがよりよく理解して
いくこと，そしてその方法を理解していくことが授業であることを再確認し
た上で，「〜ということかな？」の功罪を考えてほしいと思います。

☑ OK 発問にするには，こう変える！

説明し直すことを促す

　何より必要なことは，教師として，子どもたちが表現することをしっかりと聞くことです。同時に，表現を言い換えるのであれば，言い換えるための力が必要になりますよね。しかも，教材をもとにしたやりとりですから，教材をより深く分析し，理解した上で，どういう言い換えができるかを，子どもたちの発言を聞きながら考えていくような即興性の言語能力が必要になってきます。

　ただ，我々の日常生活を振り返ってもらえればいいのですが，誰かが発言したことを，誰かの代わりに，誰かの思いを過不足なく伝えることは難しくないですか？　発言者の代わりに，思いを伝えようとして，うまく伝わらなくて，発言者にも，伝えた人にも怒られた経験はないですか？

　だとすれば，発言者にしっかり説明してもらうしかないはずです。

　例えば，「ごめん，もう一回説明してくれるかな？」あるいは「ごめんね，もう一回説明してほしいんだけど，本文に書いてあること，例えば筆者が例で示したこととかを使いながら，説明してくれないかな？」と問い直すことで，子どもたちは説明し直すはずです。

　また，説明し直している過程で，混乱する子も出てくることが想定されます。だからこそ，「～さんが意見を言ってくれたけど，みんなはどう思う？」といった問い直しや，「～さんが説明してくれたことに対して，付け足してもっとわかりやすくしてくれる人いないかな？」といった発問を行うことも有効になるはずです。混乱したとき，子どもは不安になります。不安になって，言葉が出ないとき，誰かが助けてくれると嬉しいですよね。学校的な良さや価値を積極的に発揮させていくためにも，こうした発問には意味があります。教室の他の子どもたちが助けてくれる経験は，「共に学ぶこと」の価値や「仲間と共に学ぶ」ことの良さを実感していくことにもなるでしょう。「互いに学び合う，互いに高め合う子ども」を育成したいと願う先生は多く

います。授業の中での問い方一つを考えることで,「互いに学び合う,互い
に高め合う」取り組みを実現することが可能となるのです。

教師としての責任は,子どもが学ぶ状況をつくり出すこと

　いずれにしても,教師が何もかも引き受けるのではなく,子どもたちに説
明させていく機会を確保するようにしたいものです。子どもたちが発言した
ことを教師が言い換えたりすることが日常的に行われる授業では,子どもた
ちは,「最後は先生が説明してくれるから,しっかり考えなくてもいいよ」
とか,「誰かが発言していても,先生が説明してくれるんだから,ちゃんと
聞かなくてもいいよ」という意識が形成される傾向があります。

　しつこいようですが,自分の考えや根拠のやりとりを通して,読みや理解
を深めていくことが国語学習の本質であるという認識に立てば,**子どもたち
が主体的に授業に参画する状況をいかに組織することができるのか**というこ
とに意識を向けていく必要があります。「主体的に授業に参画する」ための
基本として,「聞き合い」「説明し合う」,そして「説明し直す」ことで,よ
り深く理解していく状況の構築を目指し,発問を構想していくことが求めら
れるのです。

3

「うん，そっか。」

☑ こんな発問，していませんか？

| 目 標 | いろいろな動物たちが何を持ってきたかを確かめるとともに，なぜ来たのかを考える。 |

ここまでの展開 前時までで，何の動物が登場し，何を持ってきたのかを確認してきた後の場面。

なぜ動物たちは，こんなに一生懸命，北極海とか，アフリカとかから来てくれて食べ物をおススメしてくれたのでしょうか？

りっちゃんが考えているから手伝ってあげようと思った。

なるほど。付け足しがあるという人いるかな？

大事なお母さんだから。

うん，そっか。 他には？

りっちゃんのお母さんが病気だから，りっちゃんが作ったサラダではまだ元気になれないから，いろんな動物たちがこれを入れたら元気になるよって教えてあげている。

元気になるサラダになるように，手伝ってあげているんだよ。

りっちゃんが優しいから，優しいりっちゃんの手伝いをしようとしてる。

なるほど，動物たちが教えてくれたものを入れたら，元気になるサラダになりそうかな？

☑ ここがNG！

想定外の発言が出されたときの対応は重要です。

「想定外だから処理しきれない」と思い，無視するようなことはないですよね。

ここでは低学年の例を出しましたが，低学年の子どもたちの説明する力は十分に育っているとは言えません。文章レベルで説明することが難しい状況はよく見られますよね。しかし，このことは低学年でのみ見られる現象ではありません。単語で話している実態があったりしますし，主語や述語のない発言が見られたりもします。また，説明の順序が前後してしまい，よくわからない説明になっている状況もあります。こうした理由から，「処理できない」と判断し，無視してしまうこともあるように思います。

ただ，子どもの発言を無視したり，位置づけられないのはよくありませんね。「大事なお母さんだから」という発言は，教師の最初の発問に対する発言としては想定外なのかもしれませんし，整合性のないものかもしれません。しかし，想定外，整合性がないという理由で，「うん，そっか。」と返されたりすると，ショックを受けますよね。高学年にもなると，「あ〜，流されたな〜」とか思ったりするでしょう。

小学生という発達段階の子どもたちにとっての国語の授業の目的は，言語習得という観点からも構想されなければなりません。言語習得期の子どもたちの発言をしっかりと受け取ってくれる他者がいない状況で，子どもたちはことばを発することができるでしょうか？　しっかりと自分のことばを受け止めてくれる誰かがいることによって，学びは成立し，深まるはずです。それ以上に，聞いてくれる誰かがいることが，ことばの学びを駆動する力になるのです。だからこそ，**教師は，ことばを受け止めるモデルとして存在しなければならないのです。**

☑ OK 発問にするには，こう変える！

「発言の反復＋発問」で具体的な発問に

　子どもたちに「自分の発言をしっかりと受け止めてもらえた」という感覚をつくり出すことが重要です。

　例えば，「大事なお母さんだから，何？」と問い直すことも考えられますが，このような対応では「受け止めてもらえた」という感覚は形成されないですよね。ここの場合，次のような展開がとられたら，少し違った授業になるのではないかと考えます。

T：**〜さんが「大事なお母さんだから」って言ってくれたよね**。誰にとっての「大事なお母さん」なのかな？

C：りっちゃんだよ！

T：**りっちゃんにとっての大事なお母さんだよね**。りっちゃんにとっての大事なお母さんだったから来てくれたのかな？

C：大事なお母さんで，お母さんが病気になってしまって，「元気になってほしいな」とりっちゃんが思って，サラダを作ったけど，野菜ばかりで元気になれそうにないから。

T：**元気になれそうにないかな？**　なんで？

C：ドレッシングも何もかかってないから，おいしくないから，元気になれないんだよ。

C：りっちゃんは元気になるようにと思って作ったけど，みんながそれではおいしくないから元気になれないと思ったんだ。だから，教えてあげなきゃって思って。

　教師が子どもたちのことばを反復することは**リボイシング**と呼ばれ，さまざまな効果が指摘されています。一連のリボイシングの研究を通じて，「言い換え」や「要約」「精緻化」などを触発し，学習に大きな影響を及ぼすこ

とが明らかになっています。子どもたちが自身の発言をわかりやすいように「言い換え」たり，「要約」したり，「精緻化」したりするために分析し直し，解釈を披瀝する活動を促進することは，学習を組織することそのものです。

　わからない，自分の授業の中で位置づけられないということで，発言を無視するのではなく，子どもたちの学習を促進するために，発言を反復（リボイシング）するとともに，何をしてほしいのかを焦点化するように心がけるといいですよね。

「ことばの育ち」を支える人間関係を築く

　言語習得期に自分の話を受け止めてくれる人，話を聞いてくれる人の存在が大切であることは説明しました。当然，発達段階の違いで，人間関係の質が少し異なるはずです。

　簡単ではありますが，発達段階ごとに求められる人間関係の質を，具体的にどういう他者であるべきかをまとめた図を示します。参考にしてみてください。

低学年	中学年	高学年
・話を聞いてくれる人	・質問できる人 ・教えてくれる人	・協働してくれる人 ・違う見方を示す人
・共感的他者	・距離感のある他者	・多様な他者

　この人間関係の質の違いを理解しておくことは，教師には必要なことかもしれません。そして，**「無視しない発問」**を組織するための基本であるとも言えるのかもしれません。

4

5年「たずねびと」
(光村)

「関係のある話？」

☑ こんな発問，していませんか？

目　標	最終ページの挿絵にある綾が考えていることを想像する。
ここまでの展開	前時までで，実際に広島に来てから，原爆投下に関するさまざまな事実を知り，綾の気持ちの変化を読み取った後に，兄と二人で川を見つめているときの綾の気持ちを考えている場面。

「きれいな川はきれいな川でしかなかった。ポスターの名前が，ただの名前でしかなかったように。」とあるけど，どういうことだろうか？

……。

（隣同士で話す声）

ねぇ，ここの挿絵ってさ，最初のと似ているけど，おもしろくない？

あ，本当だ。

なんかさ，ポスターのときは綾一人だったけど，川の前はお兄ちゃんと二人って，意味ありげだよね。

あ～，そういうことか。すごいね，その考え！

ちょっと，そこ。**関係のある話？**

あ，いや……。

いま何する時間か，判断しようね。

☑ ここがNG！

授業の中で，子どもたちがつぶやきを発することはよくあることです。

ただ，授業の中で，子どもたちが発した言葉が大切なつぶやきであるのか，私語なのかを判別するのは非常に難しいことですよね。隣同士で話しているから，きっと私語だろうと思って注意してしまったということもありますよね。

私語は私語で注意しなければなりませんが，授業内容に関係する大切なつぶやきであった場合，もし注意したら……。きっと，子どもたちは沈黙することになりますし，つぶやきをきっかけとして，深まりのある授業になるはずだったのにという後悔も生まれるはずです。

問題は，授業に関係するつぶやきか，私語かを判別できないということです。判別できないから，「とりあえず静かにさせる」ために注意しますが，結果として授業に深まりがないものになることもあります。子どもたちは，さまざまな場面で気づきます。気づいたことを書いたりして，なんらかの表現をさせることができればいいのですが，授業は計画的に進めることが求められます。だからこそ，教師の発問に対する発言は認められなくなったりします。

このことは，子どもたちに気づきはどうでもいいものという認識を形作るきっかけになるかもしれません。さらに，「自分は気づいているけど，みんなと共有する必要はないよね」という認識を形成するかもしれませんね。「一人で学ぶのではなく，みんなで学ぶことができる場所」が学校であり，「協力して考える」能力を育成するのが授業です。**つぶやきを否定してしまう指導は，「協働性」を育成することにはつながらないばかりか，子どもたちが授業に参画することを拒否することになる**可能性だってあるのです。

頭の中にあるぼんやりとした自分の考えを表出する行為の一つがつぶやきだとすれば，それを注意することが，みんなで考えるきっかけを潰すことになることを確認しておきましょう。

☑ OK 発問にするには，こう変える！

いきなり，「関係ある話？」と問われて，「はい。関係あります」と答えられる子は，なかなかいません。また，教師は，「私語かもしれない」ということを考えなければなりません。

教師としては，「静かにさせる」ことを目的として，「関係ある話？」と問うことになりますが，子どもたちが発言していることを肯定的に捉えるようにしてみるといいかもしれませんね。

先程，NG発問の事例として提示したものは，実際にあった授業を少し変えたものです。実際の授業では，次のようなやりとりがなされていました。

（隣同士で話す声）

C：ねぇ，ここの挿絵ってさ，最初のと似ているけど，おもしろくない？

C：あ，本当だ。

C：なんかさ，ポスターのときは綾一人だったけど，川の前はお兄ちゃんと二人って，意味ありげだよね。

C：あ～，そういうことか。すごいね，その考え！

T：**何か気づいたことでもあるかな？　何か聞こえてきたから，聞いてみたいな。**

C：挿絵のことで話をしていました。私たちの気づきは，ポスターのときは綾一人だったけど，川の前はお兄ちゃんと二人って，意味があるなって思いました。

T：え，すごいね！　すごい気づき！　**みんな，～さんたちが言ってくれたこと，何がすごいかわかる？**

ここにある問い方も，つぶやきを拾い上げる一つの方法です。もし，子どもたちが本当に私語をしていたら，黙りますし，静かになるはずです。また一方で，授業に関係のあるつぶやきをしていたのであれば，ここに出てくる

子どもたちのように，自分の気づきを披露してくれるはずです。

つぶやきを拾い上げ，集団で共有することにより，話を聞いてもらえた，あるいは取り上げてもらえたという感覚が，子どもには生まれます。このことは，つぶやいた子どもの中に，「認められた」という感覚を生むことになるでしょう。また，ここの事例が示すように，つぶやきをきっかけにして，つぶやきを深めていく展開も考えられます。

いずれにしても，つぶやきをきっかけとして，教師としては，新たな"問い"を形成し，書かせるなどの活動をしてもいいかもしれません。このとき教室で共有されることになるつぶやきは，集団の読み，子どもたちの理解に大きく寄与することになります。

事実，先程の事例に示した教室においては，この後，「最初は一人ぼっちだったけど，最後の挿絵が二人になっているのは意味がある。楠木アヤちゃんは誰も迎えにこないし，一人ぼっちというか，今は名前でしかないけど，楠木綾ちゃんは家族もいて，名前だけではないということ，家族がいて，平和な世の中で暮らしていることを語り出す装置になっている」という読みが共有されることになりました。

こうした展開を生み出すためには，教師には，**つぶやきが生まれ，それを拾って展開する柔軟性を持つことが求められる**のです。子どもたちが発言しているという事実を肯定的に捉え，そして子どもたちの発言をもとにして授業を進めていくという基本的なスタンスを大切にしましょう。

5

4年「世界一美しいぼくの村」「世界一美しい村へ帰る」
（東書）

「もう少し詳しく説明してくれる？」

☑ こんな発問，していませんか？

| 目　標 | 物語の終わり方について考える。 |

ここまでの展開　前時までで，「世界一美しいぼくの村」「世界一美しい村へ帰る」という二つの物語を読み，パグマンの村の様子や，人物について比較しながらまとめた後，二つの物語の終わり方を比較する場面。

二つの物語の終わり方って似てるよね。でも違っているよね。なぜこんな終わり方をするのだろうか？

両方とも，たった一文の短い終わりだけど，心に残りました。

なるほど。なんとなくわかるんだけど，もう少し詳しく説明してくれる？

え？　あの「世界一美しいぼくの村」は，村がなくなってて，挿絵もお兄ちゃんだけいないけど，家族で村のあった方を眺めているような挿絵になっていて，悲しみが強調されるようなものになっています。それに対して，「世界一美しい村へ帰る」は，村の風景が描かれていて，昔に比べればまだまだ荒れているような感じだけど，村をヤモたちが見つめているような感じになっていて，期待が持てる感じがします。

うんうん，いいね。それで，なんでこんな終わり方をしたのかな？

☑ ここがNG！

　ここでは，誰とやりとりをしているのかを問題にしましょう。

　事例から明らかになるやりとりの特質は，一部の子どもたちとのやりとりで話が展開していることです。一人の子どもの反応を取り上げ，その子とのやりとりになっていることを読み取ることができるでしょう。

　この事例がNGになるのは，**他の子どもたちがやりとりに参加していない**という点です。また，発言した子どもを問い詰めるような展開になっていることにも気づくでしょう。一人の子どもの認識を深めていくことはできますが，そうした教授行為が「個人攻撃」のように見えることもあります。

　ある一人の子どもの個人の思考をきっかけとして，全員で学習を深めていく展開にならないことが大きな問題になるのです。

☑ OK発問にするには，こう変える！

　おそらく，他の子どもたちもこのやりとりを聞き，さまざまな考えを抱いているはずです。もし，やりとりを聞くだけではなく，このやりとりの中に参加させることができれば，子どもたちの理解はより深まることになるでしょう。また，発言した子どもと同じように読んでいる子もいるはずですから，より根拠を明確にして，同じような考えを補強することができるはずです。

　こうした観点から考えると，個人の思考を全体で共有していくような問い方が求められていることが理解できるはずです。「なんとなくわかるんだけど，もう少し詳しく説明してくれる？」という問いかけですが，「なんとなくわかったんだけど，**誰でもいいから**，○○さんが言ったことをもう少し詳しく説明できるかな？」と変えれば，決して一人の子どもを問い詰めることにはなりませんね。そして，ある子の発言を起点にした学習が展開されることになるでしょう。

6

5年「『弱いロボット』だからできること」
（東書）

「じゃ，○○さん，どうかな？」

☑ こんな発問，していませんか？

目　標	赤ちゃんの例が果たす役割を考える。
ここまでの展開	前時までで「弱いロボット」の三つの特徴を確認した上で，「ごみ箱ロボット」がこの特徴に対応したものであることを確認した後の展開。

ごみ箱ロボットと赤ちゃんの同じところって何？　じゃ，ミチコさん，どうかな？

ミチコ：両方とも，弱いところです。

弱いっていうのは？　じゃ，タカシさん，どうかな？

タカシ：自分では何もできなくて，助けてもらわないといけないところです。

いいですね。タカシさんが「自分では何もできないけど」と言ってくれたけど，ごみ箱ロボットも赤ちゃんも具体的に何ができないのかな？　じゃ，サクラさん，どうかな？

サクラ：えっと，ごみ箱ロボットは，ヨタヨタ歩くだけでごみを拾ったりできない。赤ちゃんも自分でしてほしいことを言えないけど，泣けば誰かが何かをしてくれる。だから，「やってほしいこと」だと思う。だから，どっちも「やってほしいこと」を言えないけど，「やってほしいこと」を受け取ってもらってるんだと思います。

✓ ここがNG！

この事例が問題となるのは，発問と同時に指名を行っていることです。このことは，特定の子どもにだけ発問している事例と似ているところがありますね（3−8参照）。

また，**特定の誰かに向けられた発問だからいけないというだけでなく，考える間を与えていないことも問題**です。発問をした後は，クラスの全員が考える時間をつくることが大切です。確認事項であれば，考える時間をとる必要はないでしょう。

しかし，ある程度のことを考えさせる発問をした場合は，ゆっくり時間を確保することが求められます。考える時間がない，少なすぎる場合，子どもたちはじっくりと考えることはできません。単語レベルの回答を求めるならば，間をとらず，テンポよく指名したりすることもいいでしょう。ただし，すぐに答えさせても浅い反応が出されるし，時間がかかるばかりになることを知っておきましょう。

✓ OK発問にするには，こう変える！

発問した後に，**子どもたちを見渡したりして，「待つ」**ことを心がけましょう。必ずしも「考える時間は〜分です」などと明示する必要はありません。

発問を出してすぐに指名したり，話し合わせたりしても「思いつき」や「浅い答え」「聞いていてわかりにくい」ものしか顕在化してきません。また，わかっている子どもたちは挙手して，「当ててください」とアピールしてくることもありますが，じっくり考えさせることがポイントですから，書かせることも有効です。

書く活動を準備すると，じっくり考える時間が確保されます。また，根拠や例示などを論理的に考えることもできるでしょう。みんなが考えていることを確認してから次に展開することが重要となります。

発問を学び続けるためのガイド

　本書で扱った内容は，「小学校国語の発問をする上で，最低限これは避け
てほしい」という基礎です。本書を読み終わった後も，ぜひ学びを続けてく
ださい。

　引き続き学んでいく場合，次の二つの方向があります。

【方向⑴】　小学校国語の発問モデルがたくさん載った本（以下，カタログ
　　　　　　本）を読み，どんどん授業でそのモデルを実践してみる。

【方向⑵】　発問に関する理論を本から学び，発問についての自分の考えをさ
　　　　　　らに豊かにする。

　「はじめに」と同じく，ここでも料理で喩えてみましょう。⑴は，カタロ
グに載ったレシピを見ながらとにかく料理を作ってみる，という方向です。
確かに，実際にやってみる中でしか学べないことは多いですよね。「ゴチャ
ゴチャ言ってないで，とにかく料理してみようぜ」という感じです。

　一方⑵は，もう少し理論を学ぶという方向です。料理の世界も奥深いもの
です。和風・洋風・中華などさまざまな料理の種類がありますし，巧みな調
理法もたくさんあります。また，どう盛り付けるか，どのような色合いなら
ばおいしそうに見えるか，栄養面はどうかなど，考えるべきポイントはたく
さんあります。それらの理論を学び，一旦は自分の料理の世界を広げようと
するわけです。

　小学校国語の発問力を高めていく上で，これら二つの方向性はどちらも大
事です。すなわち，カタログ本を読みながら具体的な発問モデルを実践し，
一方で，発問の基礎論を学ぶ。どちらかに偏るのではなく，両方やると良い
でしょう。

ただ，**ここでは(2)の方向の助けとなる本だけ**を紹介します。というのも，今世に出ている文献の多くはカタログ本だからです。

　そのため，(1)の方向で学ぼうとしたとき，皆さんはあまり苦労しない。すぐにご自分で文献を探し出すことができるでしょう（「小学校」「国語」「発問」というキーワードで Web 検索してみてください）。実際には，100％純粋なカタログ本というのはほとんどなく，カタログ本の中にもある程度の理論が紹介されています。しかし，(2)の方向で本腰を入れて学ぼうとするなら，理論が重点的に書かれた文献を読む方が近道だと，私は思います。

＊　　＊　　＊　　＊　　＊　　＊　　＊　　＊　　＊　　＊

　以下，五つの「本書が残した課題」に沿って，文献を紹介します。

【本書が残した課題①：発問のつくり方】

> カタログ本を見ればいろいろ発問の引き出しは増えるのでしょうが，できれば理論も知りたいです。何か，発問づくりの法則やコツに関する理論はありますか？

　発問の引き出しを増やすには，おっしゃる通りカタログ本をたくさん読むという方向(1)の学び方が一番だと思います。とはいえ，発問づくりの法則やコツに関する理論が書かれた本がないわけではありません。

　二冊紹介します。

　岩下修『A させたいなら B と言え—心を動かす言葉の原則—』明治図書，1989年

　野口芳宏『野口流 教師のための発問の作法』学陽書房，2011年

岩下先生の書籍は，発問づくりに一定の「法則」を見出しています。たくさんの発問を紹介するというカタログ本の性質も持った本ですが，この本に出てくる発問は，ある「法則」に貫かれています。その「法則」は，私も目からウロコが落ちるものでした。発問を作っていくとき，役立つと思います。

　野口先生の書籍は，発問づくりの観点を示し，よりよい発問を作るための「作問演習カード」を提案してくださっています。それだけでなく，野口先生の本からは，国語科発問に対する確固たる信念を感じることもできます。野口先生の論は極端に物事を言い切っていることも多いので，賛否両論あるでしょう。が，私は，野口先生の本が好きです。長年発問に真摯に向き合ってきた"魂"を感じ，背筋の伸びる思いがします。

【本書が残した課題②：教材研究と発問】

> 確実な教材研究に基づいてこそ，教材のどこを発問すればいいかが見えると思います。教材研究と発問の関連についての本はありますか？

　おっしゃる通りですね。コラム2で私たちも言及したように，教材研究を確実に行うことは，発問を考える上で重要なことです。

　教材研究と発問の関連を考える上で役立つ本を二冊紹介します。

吉川芳則『論理的思考力を育てる！　批判的読み（クリティカル・リーディング）の授業づくり―説明的文章の指導が変わる理論と方法―』明治図書，2017年

阿部昇『増補改訂版　国語力をつける物語・小説の「読み」の授業―「言葉による見方・考え方」を鍛えるあたらしい授業の提案―』明治図書，2020年

　吉川先生の本は，説明的文章が対象です。丁寧に先人たちの成果を網羅しており，研究としても最先端の知見がまとめられています。なおかつ，授業

での問い方の具体例が豊富で，具体的な発問へのつなげ方もわかりやすいです。研究的であり実践的であるというバランス感覚に秀でた本です。

　阿部先生の本は，文学的文章が対象です。一見すると，発問例も少なめですし，発問に関する本ではないと思われるかもしれません。しかし，発問の土台となる徹底的な教材研究とは何かと考えたとき，真っ先に私の頭に浮かんだのが阿部先生でした。この本では，阿部先生が教材の何に着目し，どのような"問い"を抱きながら教材を読み解いていくのか，そのプロセスがはっきりと見えます。阿部先生自身が抱くその"問い"は，間違いなく教室の発問づくりに役立つでしょう。

【本書が残した課題③：指導言と発問】

> 発問は，指導言の一つですよね（ことはじめ④参照）。説明・指示という他の指導言と発問は，どう関わっていますか？

　本書の中でも，少しだけ発問以外の指導言（指示・説明）に触れました。が，深く指導言全体を取り扱うことはしませんでした。

　指導言全体の中での発問の位置づけを考えるならば，次の書籍をおススメします。指導言という概念を基礎から考えることができます。「授業において，一番大切なのは，発問ではなくて説明である」という，本書とは異なる立場の考えも飛び出しますよ（p.66）。

 大西忠治『発問上達法―授業つくり上達法PART２―』民衆社，1988年

【本書が残した課題④：発問と学習集団】

> 発問の後，どうやって学級でその"問い"を話し合い，高めていくのかが大切だと思います。学級と発問の関係についての理論はありますか？

発問と学習集団の問題ですね。

　発問を考えるとき，先人たちは，発問を考える教室の集団の質についても考えてきました。いかにいい発問でも，教室の子どもたちの間に「みんなで一緒に学ぼう，高め合おう」とする関係性がなければ，うまく機能しません。できる子もできない子も巻き込み，集団として発問で学ぶ。どうやったらそんな授業ができるでしょうか。

　手始めに次の本を読まれることをおススメします。一見すると難しく感じるかもしれませんが，豊田先生のまなざしはいつも具体的な教室に向かっています。読み通せば，発問と学習集団の問題の全体像が見えると思います。

 豊田ひさき『集団思考の授業づくりと発問力―理論編―』明治図書，2007年

【本書が残した課題⑤：自分で問う子どもを育てること】

> 教師の発問が，どのようにして子どもの中の問いに変化していくのか，興味があります。学ぶとすれば，どの本を読めばいいでしょうか？

　教師が発問をすることで，子どもたちは次第に自分自身で問うようになっていきます。では，具体的にどのように教師の発問が子ども自身の"問い"へと変わっていくのでしょうか。また，そのときどのような指導が必要なのでしょうか。

　次の本は，この課題に正面から立ち向かっている，珍しい本です。さまざまな領域の研究者が書いており，ヒントが散りばめられています。

 小山義徳・道田泰司編『「問う力」を育てる理論と実践―問い・質問・発問の活用の仕方を探る―』ひつじ書房，2021年

おわりに

　2022年３月，一本の電話がかかってきました。電話の主は，幸坂健太郎先生。いつも通り，近況報告であろうと，なにげなく電話をとりましたが，話の内容はこの本の出版に関することでした。

　発問に焦点を当てた本は，たくさんあります。「授業は発問で決まる」という言葉が示すとおり，先生たちは発問づくりに懸命になり，授業づくりに取り組んでいらっしゃいます。

　しかし，校内研修に招かれた際に，先生たちと話していると，「発問の難しさ」について語る方が多いように思います。「良いとされる発問が文献によってそれぞれ違うんですけど……」「文献にあるとおり発問してみても，うまくいかないことも多くて……」と，先生たちの悩みは尽きないようです。いくら良い発問について学んでも，そして実際にその発問をしてみても，うまく機能しなかったという声もよく耳にします。

　こうした先生たちの悩みに応えるために，執筆の姿勢としては，「マニュアル」や「ハウツー」の体裁をとり，授業の方法を具体的に示すこととしました。しかし，単なる「マニュアル」でもなく，「ハウツー」でもない本を作りたい，さらに，「NG発問」を通して，自分の発問の実際を見直し，振り返れるようなものにしていくこと，そして子どもたちの学びを豊かにするために，先生たち自身が，問いを自分で構築していくための視点を示すことができるよう記述したつもりです。

　先生たちが，この本を読み進めていく中で，「自分もこういう発問しているな〜」「あのとき見た授業で，こういう発問があったな〜」とか，「発問自体はよく練られていたのに，子どもの反応の取り上げ方でもう一工夫できていたら〜」など，さまざまな思いを抱きながら，自分の授業を振り返るきっ

かけとなることを祈っています。ただし，「NG発問」を網羅できているとは言い切れません。あくまで振り返りのきっかけとして位置づけてもらいたいと思っています。先生たち自身が，自分の発問自体を捉え直し，その良さと問題点とを検証していくことが目的です。こうした「省察」の結果，子どもたちに豊かな学びを展開できるように，そして「良い授業」の姿を思い描けるようになれば，私たちの企画は成功です。

　誰もが「良い授業」をしたいと願っているはずです。（そもそも「良い授業」とは何かを問い直すことが必要かもしれませんが，私たちが目指す授業については，本文中に記述されていると思いますので，ご参照いただければと思いますが）この本が，そうした先生たちの願いに寄り添い，先生たちの課題解決の一助になっていれば嬉しい限りです。

　幸坂先生の電話から数ヶ月。原稿を執筆する中で，私たち自身が自分たちの実践を振り返る日々でした。さらに，単なる「マニュアル」にならないように，しかし，先生たちにわかりやすく伝えられるようにするために，どうすればいいのか苦悩し，執筆姿勢を問い直す日々が続きました。振り返ると，楽しい日々でしたが，一人では難しい作業です。振り返る日々の中で，誰かがいること，幸坂先生とともにこの本を作成できたことに感謝します。

　先生たちには，我々のように，誰かとともに，この本を読んでいただければと思います。そして，この本が，読むことの授業の活性化に寄与し，現場で悩む先生たちの授業づくりの一助になることを願ってやみません。

　最後になりましたが，この本の企画や出版につきまして，ご意見やアイデアをいただいた明治図書出版編集部の林知里様には，心からお礼を申し上げます。林さんの丁寧かつ的確なご調整，ご指示がなかったら，この本はできあがっていなかったかもしれません。改めて謝意を表したいと思います。

宮本　浩治

【著者紹介】

幸坂　健太郎（こうさか　けんたろう）
北海道教育大学札幌校准教授，博士（教育学）。2015年3月，広島大学大学院教育学研究科博士課程後期課程修了。研究会「国語教師の学校」を主宰。専門は国語科教育学で，特にことばの倫理的側面，授業論に関心がある。
［執筆箇所］発問ことはじめ／1 何を問うか／3 どう問いを発するか／発問を学び続けるためのガイド

宮本　浩治（みやもと　こうじ）
岡山大学学術研究院教育学域准教授。専門は国語科教育学で，読むことの授業論を中心にして，国語科学力論・評価論に関心がある。
［執筆箇所］2 どう問いを並べるか／4 どう答えを受け止めるか

〔本文イラスト〕木村美穂

小学校国語　NGから学び直す発問

2023年4月初版第1刷刊	©著　者	幸　坂　健太郎
		宮　本　浩　治
	発行者	藤　原　光　政
	発行所	明治図書出版株式会社

http://www.meijitosho.co.jp
（企画）林　知里（校正）粟飯原淳美
〒114-0023　　東京都北区滝野川7-46-1
振替00160-5-151318　電話03（5907）6703
ご注文窓口　電話03（5907）6668

＊検印省略　　　　　　　組版所 朝日メディアインターナショナル株式会社

Printed in Japan　　　　ISBN978-4-18-326327-8
もれなくクーポンがもらえる！読者アンケートはこちらから→